Mit Power durch die Wechseljahre

Praxistipps einer Naturheilärztin

Dr. med. Ulrike Güdel

spiritbooks

© 2015 spiritbooks, 70178 Stuttgart
Verlag: spiritbooks, www.spiritbooks.de
Autorin: Dr. med. Ulrike Güdel
Lektorat: Susanne Feiner, www.feiner-schreiben.de
Buchsatz/Layout: PCS Schmid, www.pcs-schmid.de
Covergestaltung: Anna Zeis-Ziegler
Illustrationen: © Anna Zeis-Ziegler (mit freundlicher Genehmigung der Künstlerin)
Foto Widmung: Ulrike Güdel
Druck und Verlagsdienstleister: www.tredition.de
Printed in Germany
1. Auflage (überarbeitet)

ISBN: 978-3-944587-34-9

Inhaltsverzeichnis

Gewidmet allen Frauen,

die mehr aus ihrem Leben machen wollen

Iß, was gar ist,
trink, was klar ist,
sprich, was wahr ist,
lieb, was rar ist.

Vorwort von Frau Prof. Ingrid Gerhard

Auch wenn sich in Ihrem Regal die Bücher über Wechseljahre schon stapeln sollten, fehlt Ihnen auf jeden Fall noch dieses. Es ist fachlich fundiert, humorvoll geschrieben, vielseitig und lässt keine Fragen offen. Im Folgenden werde ich Ihnen das Besondere an diesem „Lebensbuch" vorstellen.

Die Autorin ist nämlich eine Frau, die bereits selber die Wechseljahre durchlebt hat. Eine Frau, die die Höhen und Tiefen des Lebens kennt und die dabei nie ihren Humor und ihren Optimismus verloren hat (das darf ich behaupten, weil ich sie persönlich kenne).

Die Autorin ist Ärztin, die die körperlichen und seelischen Veränderungen, die mit den Wechseljahren einhergehen richtig und laienverständlich erklärt.

Die Autorin ist aber nicht irgendeine Ärztin, sondern eine der seltenen Spezies, die sich der Ganzheitsmedizin verschrieben hat. Sie propagiert nicht für jedes Wehwehchen eine andere Pille, sondern gibt Anleitung, wie wir die eigentliche Ursache unseres Problems finden und uns in vielen Fällen ganz einfach selber helfen können.

Die Autorin ist aber nicht nur auf allgemeine naturheilkundliche Methoden spezialisiert, sondern sie ist auch Umweltmedizinerin. So kann sie den Leserinnen die Augen öffnen für krank machende Umweltfaktoren, vor denen wir uns schützen können, wenn wir sie nur ernst genug nehmen.

Das ist aber immer noch nicht alles, denn die Autorin

hat gleichzeitig die Energiemedizin für sich (und uns) entdeckt, kennt sich mit der Traditionellen Chinesischen Medizin aus und der Kinesiologie.

Jetzt müssen Sie aber keine Angst vor einem Buch haben, das Sie mit Wissen überschüttet. Nein, das Reisegepäck für den Tapetenwechsel ist übersichtlich in einzelne Schachteln verpackt: die körperlichen Beschwerden, die seelischen Nöte, die Partner- und Sexprobleme, der Energiekörper. Dabei ist in den Schachteln jede Menge Platz für Individualität. Da gibt es kein „Sie müssen", sondern immer der Vorschlag: "probieren Sie aus, was fühlt sich für Sie jetzt richtig an". Durch die Fallbeispiele aus der eigenen Praxis werden unterschiedliche Lösungswege aufgezeigt.

Die Behandlungskonzepte sind konventionell aber auch höchst modern. Neben bewährten Heilmitteln aus europäischen Pflanzen werden auch so moderne Methoden, wie Nahrungsergänzungen oder die bioidentische Progesterontherapie, empfohlen. Die Autorin macht aber keinen Hehl daraus, dass es ihr nicht darum geht, einzelne Symptome wegzubehandeln, sondern darum, dass frau auf ihrer Tapetenwechselreise zu sich selber findet. Es geht ihr um ein positives Selbstbild mit stabilen Wurzeln in einer bodenständigen Spiritualität. So kann frau sich entschlossen und voller Neugier und Begeisterung in neue Erfahrungsbereiche stürzen.

Als mir das Manuskript vorgelegt wurde, las ich nur ein paar Zeilen und war sofort fasziniert von dem Schreibstil der Autorin. Immer wieder musste ich herzhaft lachen, wie sie mit Augenzwinkern auf die Probleme ihrer Geschlechtsgenossinnen einging. So kann Medizin und Gesundwerden richtig Spaß machen! Ein Buch, das ich jeder Frau ab 35 empfehlen möchte, denn so verliert das Älterwerden seine Schrecken.

Ingrid Gerhard
www.netzwerk-frauengesundheit.com

Einleitung

Hallo, liebe Leserinnen – und eventuell Leser (ich hoffe sehr, dass das hier auch Männer lesen, und wenn, dann herzlich willkommen, denn euch betrifft das auch, direkt oder indirekt).

Dieses Buch befasst sich mit den Jahren zwischen 40 und 60 im Leben jeder Frau und gibt euch viele praxiserprobte Tipps und Ideen mit auf den Weg, wie dieser Lebensabschnitt genussvoll, fit, gesund und sexy gelebt werden kann.

Als Frau und Ärztin stört es mich, dass das „Klimakterium" im öffentlichen Gespräch verschwiegen wird. Meine Patientinnen hingegen betrachten es angstvoll zumeist als „schreckliche Zeit" voller Leiden und Siechtum. Sie fürchten, quasi schon mit einem Bein im Grab zu stehen.

Hinzu kommt, dass die Pharmaindustrie uns Frauen im „Tapeten-Wechsel" als behandlungsbedürftig und krank einstuft. Sie droht uns mit Osteoporose, steigenden Cholesterinwerten, Schlafstörungen oder Stimmungstiefs. Sei es das Risiko von Herzinfarkt oder Schlaganfall, beginnende Vergesslichkeit, Haarausfall oder Harninkontinenz – immer wurde und wird mit uns ein satter Reibach gemacht. Die Frau als „Großbaustelle", so sollen wir uns fühlen. Ein ständiges Flickwerk, das reparaturbedürftig, unvollständig oder defekt ist.

Unsere Mütter, Großmütter und all die Frauengenerationen zuvor sind doch auch ohne die „Segnungen" der Pharmazie ausgekommen – inklusive vieler vermeidbarer Fälle von Brustkrebs, Herzinfarkt und anderen wirklich grässlichen Geschichten – dazu später mehr. Sogar in den meisten Märchen kommen Frauen in den mittleren und höheren Altersstufen nicht gut weg: Entweder sie sind die böse Stiefmutter oder die alte Hexe – bucklig, runzlig, fett, hässlich und von wenig angenehmem Charakter.

Darum finde ich es an der Zeit, einen Gegenentwurf zu zeigen. Ich jage nicht dem Ideal ewiger Jugend hinterher. Das ist sehr unrealistisch und wenig nachhaltig. Ich möchte euch meine Erfahrungen aus der Praxis mitteilen, die bodenständig, lebensnah, praxiserprobt und ehrlich sind. Dabei kommen einige meiner Patientinnen zu Wort, natürlich anonymisiert.

Die Tipps für die Reise durch die Tapetenwechseljahre sind mit Spaß umsetzbar, nicht überzogen, sondern realistisch und sinnvoll.

Ich bin inzwischen 59 Jahre alt und fühle mich jünger, fitter und gesünder an Körper und Seele als vor 20 Jahren. Ich möchte euch alle daran teilhaben lassen, wie es möglich ist, sich selbst in und mit den Wechseljahren neu zu definieren. Lasst uns frischen Wind ins eigene Leben bringen und damit Tapetenwechsel leben.

Wie das geht? Kommt mit auf die Reise ...

Reisegepäck Nr. 1: Der Body – Hitzewellen, Haarausfall, Harninkontinenz?

Jede Frau bringt ihren Körper mit auf diese Reise. Wir wissen, dass wir organisch alle gleich sind (von den Zwittern mal abgesehen). Wir besitzen alle ein Herz, zwei Nieren, eine Leber usw. Böse Zungen behaupten zwar, manche Frauen hätten statt eines Herzens eher zwei Mägen – dies kann ich aber ins Reich der Fabeln verweisen.

Wie diese Organe ihren Dienst tun und wie das Drumherum gestaltet ist, unterscheidet sich aber doch extrem: Es gibt große Frauen, kleine, dünne, dicke, muskulöse, hagere, sportliche, bequeme, solche mit Rehbeinen und solche mit kräftigen Waden und Oberschenkeln, große Hintern, kleine, flache. Ähnliches gilt für den Busen, auch der kommt in zahlreichen Varianten vor.

Das erwähne ich deshalb so ausführlich, weil viele Frauen, wenn die Wechseljahre nahen, von einer Panik erfasst werden. Die Medien, und hier vor allem die sogenannten „Frauenzeitschriften", liefern uns normalen Frauen immerfort ein Bild von „nur ganz jung, ganz schön und ganz schlank ist sexy".

Damit entsteht ein großer innerer Druck in uns Frauen. Wir vergleichen uns mit den Models und kommen zu der erschütternden Erkenntnis: „Ich bin nicht so!" – Selbst die allerschönsten Frauen fanden sich zu dick, zu hässlich, zu ungenügend.

Von Marilyn Monroe ist bekannt, dass sie fand, sie sei zu klein und viel zu fett. Trotzdem oder vielleicht auch

gerade deswegen war sie die Sex-Ikone vieler Männer –
bis zum heutigen Tag.

Vielleicht fragt ihr eure Partner mal, wie die euch finden.
Ich habe die Erfahrung gemacht, dass die meisten Männer
auf Rundungen stehen. Sie wollen genügend „erotische
Nutzfläche" und keine „Hundehütte" (an jeder Ecke
einen Knochen).

Wir Frauen richten uns aber leider oft viel mehr da-
nach, was die aktuelle Mode diktiert. Wenn wir keine
Modelmaße haben, geht die Stimmung gerne mal in den
Keller. Das ist schon in jungen Jahren so, dass wir mithalten

wollen beim Spiel: „Spieglein, Spieglein an der Wand, wer ist die Schönste im ganzen Land?"

Die Jahre ab 40 verschärfen oft diesen gnadenlosen Blick auf sich selbst. Manche Frau meint nun, den natür-

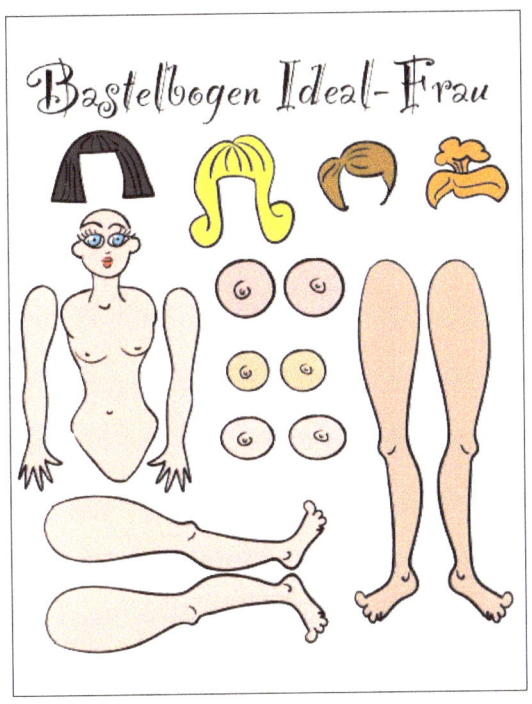

lichen Veränderungen des Körpers massiv entgegen steuern zu müssen. Sie will aus einer Löwin plötzlich eine Gazelle machen – oder umgekehrt. Nun ist es aber so, dass eine Löwin eine Löwin ist und bleibt. Eine Giraffe bleibt eine Giraffe und ein Mäuschen bleibt ein Mäuschen. Nichts zu machen, trotzdem wird es pausenlos versucht.

Dafür ist vielen Frauen nichts zu teuer, zu aufwendig

oder zu anstrengend: Es wird geturnt, gelaufen, geschwitzt, Botox gespritzt, Silikon eingepflanzt, die Lippen aufgespritzt und die Fältchen unterspritzt. Es wird gecremt, gerafft, gefärbt, das Fett abgesaugt, das Näschen gerichtet und das Hinterteil gestrafft. Es werden Hormone und Nahrungsergänzungen, oft zweifelhafter Herkunft, geschluckt und all das nur, um den Body umzukrempeln. Was geht hier vor?

Fakt ist: Der Körper verändert sich jenseits der 40 und das ist völlig normal. Wenn aber, um im Bild zu bleiben, das Mäuschen beim Blick in den Spiegel meint, dort eine veritable Ratte zu sehen, dreht sie durch. Der Blick zeigt ihr: Die Muskulatur wird weniger (es sei denn, wir steuern bewusst dagegen – dazu später), das Bindegewebe verliert einen Teil seiner Feuchtigkeit und Elastizität. Die Folge ist, dass sich die ersten Fältchen zeigen, die Haut ein bisschen trockener wird und an manchen Stellen auch schlaffer. Auch dort können wir gegensteuern, ohne Skalpell oder Botox. Der Hormonmix in unserem Körper verändert sich auch – es fühlt sich zuweilen wie Pubertät an – himmelhoch jauchzend, zu Tode betrübt – und das innerhalb von Minuten. Die Hormone, die so mit uns Achterbahn fahren, machen aber noch mehr. Unsere innere Heizung scheint plötzlich verrückt zu spielen. Mal frieren wir erbärmlich, mal ist uns heiß – und auch dieser Wechsel kann sich innerhalb von Sekunden vollziehen. Es fühlt sich also ausgesprochen ungemütlich an, im eigenen Körper zu stecken. Meine Freundin *Carola* empfahl für die Hitzephasen eisgekühlte Socken aus der Gefriertruhe.

Fakt ist weiter, dass der Körper jetzt empfindlicher reagiert auf das, was wir mit ihm machen. Er zeigt uns deutlich, wie er auf die „Sünden" der Vergangenheit reagiert. Wer also jenseits der 40 als Frau noch immer raucht, darf nicht überrascht sein, wenn die Haut das übelnimmt und mehr Falten schlägt. Wer jeden Tag Alkohol zu sich nimmt, wird vielleicht mehr Mühe haben mit dem „mittleren Ring", der sich dann dort bilden will, wo zuvor die schlanke, allerliebste Taille war.

Fakt ist auch, dass sich der Stoffwechsel verändert, er wird langsamer.

Wenn wir also in den mittleren Jahren genauso weiter speisen wie bisher, werden wir einige Kilo zunehmen. Eine meiner Freundinnen – danke, liebe *Sonja* – sagte einmal: „Nimm zehn Pfund mehr mit auf deinen Weg durch die Wechseljahre. Du wirst sie brauchen".

Sie hatte Recht, denn es gibt viele Abenteuer zu bestehen auf diesem Weg.

Was hat sich Mutter Natur dabei gedacht, unseren Stoffwechsel derart einzubremsen?

Offenbar geht es darum, dass wir sparsamer mit unseren Energiereserven umgehen sollen. Vielleicht sollen wir nicht mehr mit voller Power auf der Überholspur des Lebens unterwegs sein? Vielleicht sollen wir lernen, unsere Kräfte einzuteilen. Weniger ist mehr, lautet offenbar die

Devise von Mütterchen Natur.

Warum sollen wir auch voller Speed unsere Säfte verbraten? In manchen der Frauenratgeber lese ich viel trotzigen Widerstand. Was meinen die AutorInnen dieser Bücher beweisen zu müssen, wenn sie nicht vom Gas gehen wollen? Warum Vollgas geben, wenn wir nicht mehr damit befasst sind, Nachwuchs auf die Welt zu bringen?

Wenn wir die Zeit des Windelns, Fütterns, Betreuens hinter uns haben, dürfen wir doch langsamer und genussvoller durchs Leben tanzen.

Oder nicht?

Die Natur schont ihre Ressourcen. Das ist genial, verlangt von uns aber Anpassung und ein paar **kleine Kurskorrekturen**.

Die einfachen Tipps

Trinke vor jedem Essen ein oder zwei Gläser frisches Wasser – möglichst 20–30 Minuten vor der Mahlzeit.

Was bringt es?
Vorteil 1: Der Körper ist mit allen Zellen dann gut gewässert. Der Abtransport von Abfallstoffen über die Nierenausscheidung geht leichter. Wir entgiften besser und auch unser Gehirn funktioniert besser mit genügend Wasser im System.

Vorteil 2:   Das Wasser im Magen mindert den Heißhunger. Es hilft dabei, bei der Mahlzeit selbst etwas weniger zu essen. Das macht aufs Jahr gerechnet schon einige Kilo ohne Mühe. Wir bleiben in unserer gewohnten Gewichtsklasse.

Vorteil 3:   Auch die Haut bleibt frisch und schön, denn nur bei genügend Wasser im Körper werden auch die Hautzellen „gegossen" (die Zellen der inneren Organe sind Mutter Natur wichtiger als die Hülle).

Kaue jeden Bissen 20 Mal – gut gekaut ist halb verdaut.

Was bringt es?
Je länger wir einen Bissen kauen, desto besser ist der Speichelfluss im Mund. Wir verdauen schon einen Teil der Mahlzeit vor. Zudem hat der Magen keine Häckselmaschine. Um große Brocken zu verdauen, muss er sehr viel mehr Magensäure produzieren.

Die Folge ist, dass er übersäuert, was wiederum zu Aufstoßen und Sodbrennen führt. Durch das gründliche Kauen stellt sich schneller das Gefühl von Sättigung ein. Der Magen braucht ungefähr 10–15 Minuten, bis er „satt" signalisieren kann.

Wer also nach dem Motto vorgeht: „Genuss ist Menge mal Geschwindigkeit" – isst deutlich zu viel. Bevor man merkt, dass es zu viel war, ist alles schon verschlungen. Gutes Kauen hilft also beim Schlankbleiben.

Wer gut kaut, tut seinen Zähnen etwas Gutes: Ein Gebiss, das kauen darf, bleibt länger gesund.

Der Zahnhalteapparat wird beim Mahlen und Zubeißen gefordert – die optimale und kostenlose Vorbeugung gegen Parodontose!

Was immer du isst, genieße es ohne schlechtes Gewissen.

Was bringt es?

Wenn wir etwas essen und zugleich denken: „Oh, das sollte ich nicht, das macht mich fett oder tut mir nicht gut", produziert unser Körper Stresshormone.

Diese, namentlich Noradrenalin, Adrenalin und Cortison, sorgen dafür, dass unsere „kulinarischen Sündenfälle" erst recht als Polster in und an uns hängen bleiben. Wer gestresst oder ärgerlich ist, wer sich immer hetzt und nie Zeit hat, bei dem versagen alle Diäten.

Also, wenn schon schlemmen, dann mit Genuss!

So ging es auch *Lydia*:

> Sie saß völlig verzweifelt bei mir in der Praxis und berichtete, dass sie seit über einem Jahr Diät halte. Anstatt Gewicht zu verlieren, habe sie 3 Kilo zugenommen. Das sei doch nicht fair! Sie habe sich so angestrengt, das könne doch gar nicht sein. Lydia gehört zu den Frauen, die neben einem anstrengenden Beruf auch noch

die Pflege der Schwiegermutter zu bewältigen hat (und die alte Dame ist durchaus nicht immer nett zu ihr). Zudem sind ihre Kinder gerade in der Spätpubertät – quasi taub und blind für alle Appelle, im Haushalt mitzuhelfen. Lydia ist folglich im „Dauerstressmodus". Ich habe ihr geraten, sich eine Woche aus allen Pflichten auszuklinken und zum Wandern zu gehen, ihrem Lieblingshobby.

Als sie das machte, berichtete sie nach ihrer Rückkehr begeistert: „Ich habe auf den Hütten jeden Tag reichlich gegessen – und denken Sie, ich habe trotzdem 2 Kilo abgenommen." Das wunderte mich nicht, denn weg vom ganzen Stress konnte der Körper loslassen. Mein nächster Rat an Lydia war: „Suchen Sie sich eine Gruppe zum Wandern und nehmen Sie sich jede Woche Ihren „freien" Tag für Ihr Hobby. Je zufriedener Sie innendrin sind, desto eher wird der Körper das Fett auch loslassen."

Sie setzte diese Empfehlung sofort um und war nach sechs Monaten um 5 Kilo leichter.

Sei dankbar für jede Mahlzeit.

Was bringt es?

Frauen sind diejenigen, die einkaufen gehen. Sie kümmern sich um das Futter. Sie beschäftigen sich damit, bereiten es zu. Kaufen wir wahllos ein, zu viel, das Falsche, dann müssen wir es wegwerfen. Viele Tonnen von Lebensmitteln pro Jahr landen so in der Tonne – was für eine sinnlose Verschwendung. Sobald wir bewusst dankbar sind, dass wir jeden Tag etwas zu essen haben, vielleicht sogar aus dem eigenen Garten, vom Bio-Bauernhof oder vom gut sortierten Einkaufscenter, kaufen wir auch bewusster ein. So schonen wir unseren Geldbeutel und tun unserem Körper etwas Gutes. Achtsamer Umgang mit Nahrung sorgt auch dafür, dass wir grundsätzlich wacher und aufmerksamer werden. Dankbarkeit stärkt unser Immunsystem und damit unsere Gesundheit.

Iss Dich schlank – mit den richtigen Nahrungsmitteln und der richtigen Einstellung ein Kinderspiel

Wir haben jetzt schon festgestellt, dass Mutter Natur in Sachen Stoffwechsel auf die Bremse tritt. Sie will uns etwas gelassener machen, damit unsere Energie noch möglichst lange für ein genussvolles Leben reicht. Weil wir selbst uns aber noch nicht im „Oma-Alter" sehen, geht es darum, diese Entwicklung locker und elegant unter einen Hut zu bringen.

Dafür sind zwei Dinge erforderlich – **pfiffige Nahrungsmittel**, die uns helfen, aber auch die **richtige Denke**.

Was die Nahrungsmittel betrifft, so sind Obst, Gemüse und Salat immer eine gute Wahl. Ausnahme sind die Frauen mit „Fruktose-Intoleranz". Die vertragen grundsätzlich keinen Fruchtzucker und sind mit einem leckeren Möhrchen besser dran.

Was die Auswahl der Nahrungsmittel betrifft, gibt es einige Tricks. Wenn wir die beachten, haben wir den vollen Erfolg:

1. Obst – am besten morgens – bringt Blutzucker ins Gehirn, damit wir fit und leistungsfähig sind, ist leicht verdaulich und macht uns nicht träge oder schlapp.
    Die besten Sorten sind Äpfel, Birnen, Orangen, Grapefruit, Beeren aller Art, auch Mango, Papaya, Ananas und Bananen. Äpfel enthalten Pektin, einen Stoff, über den sich unser Darm sehr freut, weil das Pektin Giftstoffe exzellent binden kann. Die exotischen Früchtchen enthalten viele Enzyme und helfen so gegen Entzündungen aller Art. Die Faserstoffe in allen Obstsorten benötigt unser Darm, um gut verdauen zu können – goodbye, Verstopfung.

2. Für diejenigen, die ein etwas kräftigeres Frühstück brauchen, habe ich ein tolles Rezept für ein „Powermüsli". Es ist wahre Kraftnahrung für Gehirn und Nerven und hilft auch noch, etwaige Krebszellen zu bekämpfen: 1 Esslöffel Leinöl mit 1 Esslöffel Milch (Sojamilch oder Hafermilch geht auch!!) verquirlen, 2 Esslöffel Quark oder Joghurt dazu, Obst nach Laune, einige Nüsse, Haferflocken für die, die mögen, eine Spur Honig, umrühren – fertig! Braucht für die Zubereitung

keine 5 Minuten und hält mindestens für 3–4 Stunden satt und fit.

3.   Wenn uns zwischendurch der kleine Hunger packt, ist Trockenobst eine super Alternative zu Snickers, Mars und Co. Aprikosen, Datteln oder Feigen haben neben dem Zucker, nach dem wir dann lechzen, auch tolle Mineralien wie Kalium (wichtig für Muskeln, Herz und Hirn) und Magnesium (wichtig für die Nerven und die Muskeln).

4.   Salat gerne mittags, weil da die Rohkost besser vertragen wird als abends. Gute Sorten sind Chicoree (wegen der Bitterstoffe, die die Leber auf Trab bringen), Feldsalat (wegen der massiven Menge Folsäure und Kopfsalat, Eisbergsalat (viel Masse, wenig Kalorien), aber auch Gurke, Tomate und Kohlrabischnipsel sind prima. Das Fatale am Salat ist häufig das Dressing. Wenn das zu fett und zu üppig ist, kann es den positiven Effekt des Salates wieder zunichtemachen. Mein Tipp: 1/3 Gurke zusammen mit Balsamicoessig, Salz, Pfeffer und etwas Sojasauce in den Mixer, zum Schluss ein wenig Olivenöl dazu und über den Salat gießen.

5.   Gemüse am besten abends als Suppe, gedünstet, aus dem Dampfgarer oder leicht angebraten, je

nach Sorte. Meine Favoriten sind Broccoli (nachweislich gut gegen Krebszellen), Blumenkohl, Kohlrabi, Fenchel (verdauungsfördernd, entblähend), Zucchini (auch als Zucchini-Spaghetti mit Tomatensauce), Karotte, Kürbis, Spinat.

6. Eiweiss ist für Frauen ganz besonders wichtig. Protein ist nämlich der Stoff, aus dem die Muskeln gemacht sind. Viele Frauen mögen kein Fleisch – oder wenn, dann nicht so viel. So kommen wir schnell in ein Eiweissdefizit, das unsere straffen Muskeln schwinden lässt. Daher meine Empfehlung: Täglich 200 Gramm Protein auf den Tisch – wie? Rührei, Spiegelei, Tofu, Fisch, Meeresfrüchte, Putenbrust, Hähnchen, mageres Schnitzel, aber auch Hüttenkäse, Mozzarella, Quark, Joghurt oder Nüsse.

Meine Basics: Morgens 1–2 Stück Obst nach Saison, mittags ein großer Salat, dazu Fisch oder Rührei, abends Hüttenkäse mit geschnipselter Paprika und ganz viel Ayvar, Chili oder Sambal Oelek.

Warum? Alles, was bitter und scharf ist, bringt den Stoffwechsel auf Touren – auch Ingwer! Wer all das gerne mag, muss nicht darauf verzichten, sondern bekommt neben den guten gesundheitlichen Effekten auch noch Genuss.

Die richtige Einstellung

Ich gehöre zu den Frauen, die von Haus aus einen stabilen und gesunden Körper haben. Das alleine wäre schon Grund zum Jubeln. Allerdings kämpfte ich seit Teenagerzeiten immer darum, wenigstens in Größe 42, besser noch in Größe 40 zu passen. Immer wieder war die Verlockung von Nudeln in Sahnesoße oder von Schokolade größer als mein Kampfgeist. Mein „innerer Schweinehund" hat mir immer wieder ein Bein gestellt. Über weite Teile meines Erwachsenenlebens habe ich mich auf Größe 42 eingependelt, mit Beginn der Wechseljahre ging es dann flott auf 44.

Verwundert rieb ich mir die Augen. Was lief da falsch? Ich aß nicht mehr als sonst, ich bewegte mich immer noch viel und gern. So wie mir ging und geht es vielen Frauen, die ich in der Praxis sehe und berate.

Bei vielen ist des Rätsels Lösung das Beseitigen von **zu viel Stress.** Wer zu viele Stressfaktoren um sich herum hat, tut sich schwer mit Leichtigkeit. Als ganzheitlich orientierte Ärztin bin ich immer auf der Suche nach Lösungen. Im Dienste meiner Patientinnen (und aus eigenem Interesse) las ich mich durch ganz viele Bücher zum Thema „Locker, leicht, flott und erfolgreich abnehmen". Ich bin über die Jahre darin wirklich zur Expertin geworden – zumindest theoretisch!

Die praktische Seite war und ist immer etwas trickreicher, denn oft steckt der Teufel im Detail, so wie bei *Christel. Wann immer sie sich im Spiegel ansah, hatte sie etwas an sich zu kritisieren oder zu bemängeln. Sie mochte ihre Nase nicht, überschminkte ihre weichen Wangen, mäkelte an ihren Oberschenkeln herum und fragte mich im Gespräch, was ich vom „Fett absaugen" hielte.* Kurzum, *Christel* hing in der inneren Stressfalle fest. Sie mochte sich so, wie sie war, nicht wirklich und strengte sich furchtbar an, anders zu sein. Damit wurde dann genau der Faktor wirksam, der sie am erfolgreichen Schlanksein hinderte.

Hilfreich war ihr das Buch, wie sie es schaffen kann, den inneren Schweinehund zu ihrem Verbündeten zu machen. Die kernige Botschaft ist ganz einfach:

Wenn du etwas in deinem Leben verändern möchtest, das täglich so sein soll, dann musst du 6 Wochen täglich genau das tun, was du als neue Gewohnheit für dich installieren willst.

Das hat *Christel* in Bezug auf ihr tägliches Bewegungsprogramm sofort umgesetzt. Der Erfolg war bestens und hält bis zum heutigen Tag an. Mehr dazu im Kapitel zum Thema Bewegung.

Durch das gezielte Muskeltraining beim Bewegen konnte sie einen guten Teil der zuvor weicheren Oberschenkel, die ihr nicht so gefielen, in straffe und wohlgeformte Beinmuskeln ummodeln. Zudem machte ihr das Bewegen gute Laune, weil es den Körper dazu bringt, Wohlfühlhormone zu produzieren. Wir alle kennen ja aus den Medien die Berichte über das unerklärliche „Hochgefühl", von dem Langläufer berichten. Es muss nicht immer der Marathonlauf sein, der Körper reagiert auch schon auf kurze Zeiten des Ausdauertrainings mit der Produktion der körpereigenen „Drogen", die *Endorphine* genannt werden.

Die zweite Hilfe, die ich *Christel* mit auf ihren Weg gab, war die Erkenntnis, dass sie nicht besonders erfolgreich sein werde, wenn sie sich innerlich immerfort beschimpfe oder niedermache.

Ein **positives Selbstbild** gehört her – und nicht der Satz: „Ich will oder sollte abnehmen!"

Oder der Satz: „Ich will nicht übergewichtig sein".

Der Satz: „Ich bin schlank, gesund und beweglich

(oder erfolgreich, glücklich und überaus sexy" – immer in der Gegenwartsform!) bringt weit mehr.

Warum? Unser Unterbewusstsein, von dem noch öfter die Rede sein wird, ist nämlich so bockig wie ein Dreijähriger: Es hört absolut nicht auf Verneinungen. Ganz im Gegenteil. Wenn wir also sagen: Ich will nicht dick sein – dann hört es: „Ich will dick sein" und eilt, uns genau diesen Wunsch sofort zu erfüllen.

Sagen wir dem Unterbewusstsein: „Ich will oder sollte abnehmen" ist das ungeheuer unkonkret. Denn das könnte sofort sein, aber vielleicht auch erst nächsten Monat, übernächstes Jahr oder am St. Nimmerleinstag in fünfzehn Jahren. Vielleicht kennt ihr, wenn ihr es mit Kindern zu tun habt, die Aufforderung: „Hört mal auf zu spielen, das Essen wäre fertig ..." Kein normales Kind reagiert darauf unmittelbar, sondern spielt seelenruhig weiter.

Erst dann, wenn wir so dringlich formulieren, dass es keine Alternative gibt, wie beispielsweise „Kommt sofort zum Essen, sonst ist es kalt und ich räume ab!", erhöht sich die Chance, dass Kinder dann wirklich zum Essen kommen.

Im Gespräch mit unserem „Innerling" gilt es folglich auch, etwas dringlicher und klarer zu formulieren. Die Aussage muss also lauten: „Jetzt ist es bereits so" ... und das gilt es in Worte zu fassen. Dies wird von unserem Schweinehund als Befehl verstanden. Dann trollt er sich und tut es gleich!

Ich habe *Christel* also gebeten, sich sechs Wochen lang dem Umdenken zu widmen. Jeden Abend beim

Einschlafen sollte sie sich gedanklich als wunderschön, schlank, gesund, sportlich und überaus leistungsfähig imaginieren. Damit sollte sie in den Schlaf gleiten. Als sie wieder in die Praxis kam, sagte sie: „Es ist schon merkwürdig, aber ich habe festgestellt, dass ich mir jetzt viel weniger aus Süßem mache. Es zieht mich deutlich eher hin zu einem Apfel als zu einer Tafel Schokolade. Ich ernähre mich inzwischen viel gesünder – und das ganz ohne Kampf und Krampf".

Merke: Alles, was wir kurz vor dem Schlafengehen tun, denken oder fühlen, begleitet uns einen Teil der Nacht. So können Wünsche fast wie von selbst wahr werden!

Eine weitere Patientin ist Lisa. *Sie wollte ihren langjährigen Lebenspartner kurz vor 50 heiraten und wünschte sich, an ihrer Traumhochzeit das atemberaubende Kleid in Größe 40 tragen zu können. Von mir wollte sie beraten werden, wie sie schnell und zuverlässig die 15 Pfund verlieren könne, die sie vom Wunschgewicht trennten. So habe ich sie auf die HCG-Ernährung aufmerksam gemacht. HCG ist das menschliche „Schwangerschaftshormon", das den Stoffwechsel beschleunigen kann. In der Schwangerschaft soll das wachsende Baby ja auch mit Energie gut versorgt werden. Die Hollywood-Stars mögen die HCG-Kuren offenbar sehr. Im Internet fand ich Aussagen wie: „Ich bin von HCG völlig begeistert. Obwohl ich ganz wenig esse, habe ich nie Heißhunger. Ich bin voll leistungsfähig in Beruf und Freizeit. Und meine Laune ist immer bestens. Bei meiner Frau ist es genauso. Und wir sind beide über 50".*

Hormonbehandlungen sind bekanntermaßen nicht ganz ohne Risiko, denn sie greifen in viele Regelkreise des Körpers ein. Oft gibt es neben den erwünschten Wirkungen eine Reihe an Effekten, die wir uns nicht wünschen. Darum habe ich Lisa statt der „HCG-Spritzenkur" die homöopathische Version des HCG empfohlen. Hierbei wird kein Hormon gespritzt, sondern die Information des HCG in Tropfenform bringt den Körper dazu, sich genauso zu verhalten, als ob der Stoffwechsel wegen einer Schwangerschaft auf Hochtouren zu laufen hätte (Alle homöopathischen Tropfen enthalten nur noch eine extreme Verdünnung der ursprünglichen Substanz – also beispielsweise ein Milliardstel der Anfangslösung. Bei Verdünnungen oberhalb von D 21 (1: 1.000.000.000.000.000.000.000) enthält der Tropfen überhaupt keine Substanz mehr. Was jedoch nach wie vor in der Verdünnung drin ist, ist die Information der Pflanze oder des Hormons. Damit entfallen die riskanten Nebenwirkungen der unverdünnten Version. Die Homöopathie wird leider oft nicht ernst genommen, weil deren Kritiker Äpfel mit Birnen vergleichen wollen. Es ist aber so, dass seit über 200 Jahren Homöopathie wirkt. Ich sage meinen Patienten dazu: Es ist wie beim Radio – dort kommt auch Musik heraus, aber drinnen sitzt kein Symphonieorchester. Der Ton, die Musik und auch die homöopathische Information besteht aus Wellen oder Lichtquanten. Im Fall der HCG-Tropfen bewirken diese, dass der Körper sich stoffwechselmässig so verhält, als sei er schwanger – alles läuft auf hohen Touren.) *Lisa sagte* aber: „Ich habe keine Lust auf eine langweilige Diät; das Erste, was man bei einer Diät verliert, ist die gute Laune."

Ich konnte sie davon überzeugen, dass es sicher nicht langweilig werden würde. Sie müsse nur ein kleines bisschen Disziplin aufbringen. Das hat sie überzeugt und sie hat es dann ausprobiert. Nun purzelten die Pfunde schnell. In der ersten Runde von drei Wochen verschwanden gleich einmal 5 Kilo „Wechseljahrs-Speck".

Dann machte sie auf mein Anraten hin eine Pause von mehreren Wochen. Hier wollte ich sehen, ob sie das neue Gewicht auch halten könne. Denn der Jojo-Effekt ist tückisch.

Lisa war glücklich, dass sie das neue Gewicht halten konnte – ohne auf Genüsse verzichten zu müssen.

Eine kleine Spielregel galt es allerdings zu beachten:

Täglich morgens auf die Waage!

Und zeigte die über 1 Kilo mehr als am Vortag, war Apfeltag angesagt. Am Apfeltag darfst du einen Tag lang nur Äpfel essen. 6 bis 8 sind erlaubt. Lisa schaffte meist nicht mehr als 5. Am nächsten Tag war das Kilo wieder weg und sie konnte erneut normal essen.

Das machte sie mutig und sie startete eine zweite Runde. Die lief genauso erfolgreich wie die vorige. An manchen Tagen habe sie durchaus „Gelüste" verspürt, sagte sie mir. Aber Hunger sei das nicht gewesen.

Zur Hochzeit passte Lisa locker in Größe 40 und konnte ihr Traumkleid so richtig genießen. Ihr Mann fand sie umwerfend und extrem sexy.

Allerdings will ich euch die Nachteile dieser Diät auch nicht vorenthalten:

1. In den drei HCG-Wochen gibt es täglich nur Obst, Eiweiss, Salat und Gemüse – kein Fett, keine Kohlehydrate, keinen Zucker, keinen Alkohol!

2. Auch Nüsse zum Knabbern am Abend oder ein Eis im Sommer sind tabu – ein Apfel muss stattdessen reichen!

3. Was immer uns in dieser Zeit kulinarisch gelüsten würde, darf bewusst auf hinterher verschoben werden. Es ist ja nicht aus der Welt, drei Wochen sind ein überschaubarer Zeitrahmen.

4. Wenn ihr das alleine durchziehen müsst und nebenher für eure Lieben kochen, ist es schon ziemlich zäh. Aber vielleicht könnt ihr den Mann oder die Frau an eurer Seite dafür gewinnen, ebenfalls mitzumachen? Zu zweit ist es umso einfacher und genüsslicher.

5. Und viel trinken dürft ihr auch, damit der Körper seinen Abfall entsorgen kann. Im Sommer geht es einfach mit Wasser, Zitrone drin und Eiswürfel. Im Winter eher Tee, heißes Ingwerwasser oder auch ein Caro-Kaffee (Malzkaffee).

Ich habe schon viele Ernährungsformen selbst ausprobiert – mit teils sehr mäßigem Erfolg. Ich habe in über dreißig Jahren Praxiserfahrung auch schon viele Ernährungsformen bei meinen Patienten begleitet. Ich persönlich finde das HCG am mühelosesten. Es geht relativ schnell, was vor allem für die Ungeduldigen unter uns wesentlich ist!

Okay, nun haben wir also das für unseren Typ machbare Wunschgewicht. Wir sind jetzt, je nach Typ, immer noch Giraffe, Gazelle oder Löwin. Möglicherweise aber eine Löwin mit klitschnasser Mähne. Denn immer noch könnten uns Hitzewellen, Haarausfall und andere Unwägbarkeiten im Wege stehen.

Hitzewellen und Schweißausbrüche – was kann helfen?

Für viele Frauen sind die Hitzewellen und die abrupten Schweißausbrüche eine der lästigsten Begleiterscheinungen auf ihrer Reise durch die Wechseljahre. Nur wenige Frauen können es humorvoll sehen, dass wir immer noch ziemlich „heiße Öfen" sind. Die meisten finden es peinlich, wenn ihnen unvermittelt der Schweiß ausbricht.

Meine Freundin *Annette* empfiehlt Bekleidung im Stile einer Zwiebel: Viele Schichten, die beliebig an – oder ausgezogen werden können – je nach Bedarf. Es versteht sich von selbst, dass das Material leicht und edel sein sollte. Lieber Seide und Baumwolle als Synthetik oder Wolle. Warum? Seide und Baumwolle saugen den Schweiß gut auf und stinken nicht, die anderen Materialien können miefen – was für die Erotik nicht ganz so prickelnd ist.

Wie können wir die lästigen Wellen besänftigen oder mindern? Auch da gibt es praktikable Hilfen. Gegen Hitzewellen bewährt haben sich:

> ➢ große Mengen an dünnem Salbeitee

- ➢ versuchsweise Kaffee weglassen
- ➢ regelmäßige Besuche in der Sauna
- ➢ Trockenbürsten der Haut
- ➢ viel Bewegung in der frischen Luft, bei jedem Wetter
- ➢ wechselwarme Fußbäder
- ➢ Carolas Eissocken aus dem Gefrierfach
- ➢ kühlende Cremes
- ➢ in extremen Fällen Pfefferminzöl

Warum kommt es überhaupt zu Hitzewellen, fragte mich kürzlich meine Patientin *Anna*.

Es liegt, wie nicht anders zu vermuten, am Hormonmix. In unseren jungen Jahren haben wir im Blut eine große Menge an Östrogen und Progesteron. Das Östrogen ist für die erste Hälfte des monatlichen Zyklus wichtig, in der im Eierstock ein Ei reift. Nach dem Eisprung zur Zyklusmitte brauchen wir das Progesteron, auch Gestagen genannt. Dies sorgt dafür, dass sich ein befruchtetes Ei in der zweiten Hälfte des Zyklus in der Gebärmutterschleimhaut einnisten kann und sich dort kuschlig wohlfühlt. Über 40 ist unsere Familienplanung meist abgeschlossen. Nun findet Mutter Natur, dass es an der Zeit wäre, weniger Gelbkörperhormon zu produzieren. Es muss sich ja kein Ei mehr einnisten und sie will nichts verschwenden. Also fängt das Progesteron allmählich an, seine Produktion herunterzufahren. Dieser relative Hormon-Entzug löst bei vielen Frauen die anfallsweisen Hitzeschübe aus.

Nicht alle Frauen leiden überhaupt an Hitze, roten Bäckchen oder „Gratis-Sauna". Ich habe diese Hitzewallungen für mich „Minzen" genannt, denn nach der anfänglichen Hitze kommt bei der Abkühlung des Schweißes auf der Haut ein kühlender, fast minziger Effekt zustande.

Es kommt zum einen auf den Typ an: Die extrem grazilen Frauen haben kaum Hormonspeicher im Fettgewebe – sie haben keins! Die Frauen mit den Rundungen kommen zuweilen leichter über die Jahre – dem Fett sei Dank!

Als weise ältere Frau geachtet zu werden, wie früher bei den Indianern oder heute noch in weiten Teilen Asiens, trägt offenbar auch dazu bei, mit dem Wechsel besser klarzukommen. Die Asiatinnen kennen gar kein Wort für „Wechseljahre!" Beachtung, Respekt und Sinn scheinen also zu helfen.

Anna litt extrem unter ihren Schweißausbrüchen und wurde trotz aller schon genannten Tipps nicht beschwerdefrei. Für sie empfahl ich naturheilkundliche Präparate.

Meine Favoriten sind:

➢ natürliches Progesteron in Gelform
➢ Diosgeninöl
➢ Yamswurzel
➢ Mönchspfeffer
➢ Rotklee
➢ Soja
➢ Klimaktoplant
➢ Hyperforat
➢ Remifemin plus
➢ Sepia, Ignatia und andere homöopathische Wirkstoffe

Nur ganz wenige Frauen brauchen überhaupt Östrogen. *Wie bitte?*, mag sich jetzt manche unter euch fragen. Die Präparate mit Östrogen und Progesteron als Kombination wurden uns doch jahrelang von den Frauenärzten verordnet. Was ist falsch daran?

Nun, das, was die Pharmaindustrie sich da ausgedacht hat, hat mit „natürlichen Hormonen" nichts zu tun. Die gängigen Präparate wurden aus dem Urin trächtiger Stuten gewonnen. Schon alleine das ist keine allzu appetitliche Vorstellung. Aber es kommt noch fieser: Über Jahre wurden diese Mittel fast gießkannenartig über die

Frauen gekippt, die es wagten, über Beschwerden zu klagen. Hormonersatztherapie, lautete die Devise. Sie hat aber eklige Nebenwirkungen. Neben Gewichtszunahme, dicken Beinen und Migräne erhöhen die Mittel die Rate an Eierstockkrebs und Brustkrebs, an Herzinfarkt, Thrombosen und Schlaganfällen.

Die Wirkstoffe sind nicht „frauenkörpergerecht". Unser Stoffwechsel kann sie nicht richtig verarbeiten. Sie lindern zwar die Beschwerden, aber zu einem unangenehm hohen Preis an Nebenwirkungen.

Die offiziellen Empfehlungen gehen inzwischen dahin, dass nur noch extrem dünne Frauen, die quasi überhaupt kein Fettgewebe haben, natürliches Östrogen nehmen sollten. Auch die Dauer der Anwendung wurde auf fünf Jahre begrenzt.

Alle anderen Frauen können im Fettgewebe erhebliche Mengen an Östrogen speichern. Endlich einmal ein Vorteil für die üppigeren Modelle!

Uns anderen genügt das von mir bevorzugte Progesteron-Gel. Meine kluge Freundin *Michaela,* Biochemikerin ihres Zeichens, hat es so erklärt: Das Progesteron brauchen wir in der Phase, wenn der Körper die übliche Hormonproduktion herunterfährt. Denn das Progesteron ist Ausgangsstoff und Baumaterial für alle anderen Hormone.

Vor den Wechseljahren geht die Produktionsschiene vermehrt in Richtung Östrogen, nach den Wechseljahren hört sie nicht auf, es wird aber mehr Östron gebildet. Für die Zeit zwischen diesen beiden Abschnitten lässt es sich mit Progesteron-Gel gut aushalten.

Meine persönliche Erfahrung: Bis 54 hatte ich gar keine „Minzen", dann kamen sie täglich mehrfach – natürlich immer im dümmsten Moment. Wenn ich einem Patienten gegenübersaß, wenn ich mit meinem Mann schmusen wollte, wenn ich einkaufen ging und an der Kasse stand – ihr kennt ja all diese Situationen. Zunächst habe ich es einige Zeit mit dem Gel versucht. Das reichte aber nicht ganz. Dann habe ich Diosgenin-Öl hinzugefügt, auch zum Einreiben morgens und abends und dazu homöopathische Kügelchen für die Niere und die Leber. Ein Jahr später war der Spuk vorbei. Heute kommt meine Abendminze nur noch beim Einschlafen und meine Morgenminze weckt mich freundlich. Den Rest des Tages habe ich Ruhe.

Haarausfall

Brigitt, eine sehr nette Patientin von mir, hat wundervolle, rabenschwarze Haare, die sie wie eine Indianerin ganz lang trägt. Sie sieht sensationell damit aus. Als sie in den Wechsel kam, war ihr größter Kummer, dass diese Mähne nun dünner wurde. Sie sah sich schon fast mit Glatze oder Perücke wandeln, weil ihr so viele Haare ausgingen.

Zunächst habe ich also bei ihr eine Untersuchung des Blutes veranlasst, um andere Ursachen für den Haarausfall auszuschließen, wie beispielsweise Blutarmut (Anämie), eine Fehlfunktion der Schilddrüse (Hyperthyreose), Eisenmangel oder andere Stoffwechselstörungen. Wenn die Niere und die Leber in Ordnung sind und die üblichen Befunde keine Erklärung für das lästige Symptom liefern können, ist es Zeit für Lösungsversuche aus der Naturheilkunde.

Ich habe auch *Brigitt* einige Vorschläge unterbreitet:

- Jeden Morgen eine Ampulle „Selenase" – hilft dem Körper, Schwermetalle und andere Giftstoffe auszuscheiden, die den Haarwurzeln schaden könnten
- Täglich einen Messlöffel „Kieselgel" (Silicea) – schmeckt nach gar nix, ist aber prima als Mineral für die Haare und die Fingernägel. Zusätzlich sorgt es dafür, dass die Darmschleimhaut stabiler wird und nicht mehr so viele Giftstoffe ins Blut lässt. Für die Frauen, die an Darmbeschwerden oder Allergien leiden, sicher ein gangbarer Weg.
- Täglich eine Tablette Unizink abends, als Mineral für Haut und Haare, fürs Immunsystem und bei den Männern für die Potenz
- Ein Sud aus Birkenblättern, der in die Kopfhaut einmassiert wird, kräftigt die Haarwurzeln.
- Einen Teelöffel Kräuterblutsaft täglich trinken, sofern ihr zu den Frauen gehört, die zu Eisenmangel neigen. Denn Eisenmangel erzeugt zuweilen Haarausfall.
- Mindestens zweimal in der Woche Fisch essen. Das darin enthaltene Jod sorgt dafür, dass unsere Schilddrüse als Meisterorgan des Stoffwechsels gut funktioniert. So bleiben Haut, Haare, Nägel und Zähne allzeit schön.
- Biotin und Vitamin B kann in einzelnen Fällen auch gute Dienste leisten, genauso wie das Magnesium.

Vor allem dann, wenn ihr in anstrengenden, belastenden oder nervigen Lebenssituationen steckt, tut es gut. Magnesium ist das Nervenmineral und Vitamin B ist das Nervenvitamin.

Brigitt hat sich für Selen und Zink entschieden und innerhalb eines halben Jahres wuchs die Haarpracht wieder. Ein kleiner Trost von meiner Seite: Sobald wir graue Haare bekommen, sind diese im Normalfall dicker und kräftiger als unsere vorigen. Egal, ob wir sie dann tönen, färben oder grau belassen, machen sie den Haarverlust in den meisten Fällen wett. Es hilft auch, sie zwischendurch öfter zu kürzen, wobei das Haareschneiden nach den Mondphasen besonders sinnvoll ist. Sie wachsen danach besonders gut und fest.

Atemnot, Schwindel, Angst und Schmerzen

Ein besonders unangenehmes Kapitel der Jahre im Hormonmixer ist die innere Angst. Es ist verständlich, dass wir Angst haben. Was kommt jetzt auf uns zu? Stimmen die Horrormärchen von der buckligen Alten? Werden wir beruflich noch Leistung bringen können? Werden unsere Männer uns akzeptieren? Werden wir selbst zu einem akzeptablen Selbstbild finden? Viele Veränderungen, die uns jetzt befallen, sind erst einmal verstörend. Wir fürchten uns, wir fühlen uns verzagt. Wir sind nicht mehr locker. Seelische Anspannung teilt sich dummerweise sofort dem Körper mit. Der verspannt sich dann auch und das hat Folgen:

➢ Angespannte Atemmuskeln führen zu Atemnot (Zwerchfell bewegt sich nicht ausreichend)
➢ Angespannte Nackenmuskeln führen zu Kopfweh und Schwindel
➢ Angespannte Armmuskeln führen zu Schmerzen in den Handgelenken und den Fingern (wird zuweilen mit Rheuma verwechselt – ist es aber nicht!)
➢ Angespannte Beckenmuskeln führen zu Knieschmerzen und Schmerzen in den Knöcheln

Angst, sagt der Volksmund, macht eng. Das Wort „Angst" kommt vom lateinischen „angustus", was eng bedeutet. So kann es sich um Enge im Brustbereich handeln. Wir kennen das als „Angina Pectoris", und nicht immer sind Durchblutungsstörungen der Herzkranzgefässe schuld daran. Viel öfter sind es Sorgen oder Befürchtungen, die uns das Herz abklemmen. Enge im Kopf kann uns vergesslich machen. „Huhn ohne Kopf" sagt man ja nicht ganz grundlos, wenn wir hektisch herumrennen. Kopfenge tut aber auch weh. So manche Migräne oder Attacken von Spannungskopfschmerz gehen auf das Konto von innerer Angst. Angst und Stress macht aber auch sauer. Sauer wird nicht nur die Stimmung, sondern auch das Gewebe. Und dann tut es weh.

So wie bei Sybille. Sie kam zu mir in die Sprechstunde

und klagte, dass sie ihre kleinen Gelenke an Händen und Füßen nicht mehr schmerzfrei bewegen könne. Ihre Mutter habe an Rheuma gelitten und viele Jahre des Lebens im Rollstuhl sitzend verbracht. Davor habe sie Angst, denn sie bewege sich dazu viel zu gerne. Die Schmerzen raubten ihr aber die Nachtruhe. Zudem fürchtete sie, sie könne bald ihr Hobby, das Klavierspielen, nicht mehr ausüben wegen der steifen Knöchelchen.

Ich sagte ihr, sie möge sich keine Sorgen machen, denn es bliebe nicht so. Sie könne zudem selbst aktiv werden. Neben den schon genannten Tipps könnte sie jetzt einmal eine Phase lang auf Fleisch und Wurst ganz verzichten. Sie könne so ihren Stoffwechsel von Säuren entlasten und entschlacken. Nach sechs Wochen müsste der Effekt bereits spürbar sein! Sie könne auch einen regelmäßigen Fastentag oder Obsttag in die Woche einbauen. Wenn wir dem Körper wenig Nahrung zuführen, hat er mehr Zeit zum Entgiften. Damit werden die Beschwerden im Allgemeinen weniger. Sie könne tägliche Dehnübungen für ihre Muskeln machen. Es muss nicht Yoga sein, kann aber. Wenn sie sich eher für Autogenes Training begeistern könne, wundervoll, auch das entspannt. Oder sie könnte Muskelentspannung nach Jacobsen versuchen. Ich bat sie, das auszuprobieren, was ihr am meisten Spaß macht. Denn was immer sie tut, es sollte ihr Freude bereiten – sonst macht sie es nicht lange. Sybille entschied sich für Yoga und eine fleischarme Ernährung. Sie konnte in ihrem Beruf glücklicherweise jederzeit viel Wasser trinken und nahm sich auch genügend Zeit für ihre

Dehnübungen. Nach acht Wochen berichtete sie mir, dass sie viel besser schlafen könne und nur noch nach viel Arbeit im Garten ihre Knöchelchen spüre. Auch auf das Klavier müsse sie nicht verzichten, lautete ihr zufriedenes Fazit.

Entspannung lautet also das Gebot der Stunde. Wann immer ihr euch im Spannungsmodus erwischt, atmet bewusst aus und lasst den Muskel locker. Sollte das nicht genügen: Massagen, Schwimmen, Sauna, Dampfbad. Pfefferminzöl an die Schläfen gegen den pochenden Kopf. Oder Lavendelöl in die heimische Duftlampe. Lavendelöl gibt es auch als Kapseln, wenn die Angststörung schlimmere Symptome macht. Kaffee-Einläufe können das Entgiften des Körpers unterstützen, denn Verstopfung verstopft auch das Gemüt. Viel Wasser trinken, gerne auch mit einer Prise Salz. Das hebt den Blutdruck und bringt mehr Blut in den Kopf. So können wir klarer denken und leiden weniger an Schwindel.

Ärztlicher Tipp: Wenn die Beschwerden trotz aller eigenen Versuche länger anhalten als 4 Wochen, beim Therapeuten abklären lassen. Blutuntersuchung, EKG unter Belastung, Lungenfunktionsprüfung und Abchecken der Augen kann sehr beruhigend wirken. Wir wissen dann, dass organisch alles okay ist. Dann genügt oft abwarten und Tee trinken.

Es gibt aber auch Fälle extremer Angst, so wie bei Sophie. Sie saß weinend bei mir im Sprechzimmer und berichtete, dass sie fast ständig angespannt und nervös sei. Die Nachrichten im Fernsehen regten sie auf, täglich sorge sie sich um den Zustand der Welt, könne kaum noch essen, nachts habe sie schreckliche Träume und erwache immer wieder zitternd und angstvoll. Sie fürchte sich vor Radioaktivität, vor Chemtrails, vorm Fliegen, vor Menschenmassen, sogar davor, anderen Menschen die Hand geben zu müssen. Sie gehe kaum noch aus dem Haus, weil sie sich mit ihren 48 Jahren von allen Menschen argwöhnisch beobachtet fühle. Sie empfand ihren Zustand als so schlimm, dass sie eigentlich gar nicht mehr leben wollte.

In solchen Fällen rate ich in der Praxis dazu, neben meiner naturheilkundlichen und energetischen Behandlung auch die Hilfe eines Coaches oder eines Psychotherapeuten in Anspruch zu nehmen. Die Jahre ab 40 bringen oft neben den körperlichen Umstellungen auch seelische Altlasten an die Oberfläche, die dann eine unterstützende Begleitung benötigen. Also, bitte, traut euch, um Hilfe zu bitten – es lohnt sich!

Harninkontinenz

Ist euch das auch schon passiert? Jemand erzählt einen klasse Witz und ihr lacht aus voller Kehle. Leider ist eure Blase gerade voll – und – huch – schon geht ein Tropfen ins Höschen ... Das ist der Klassiker in den Jahren ab 40.

So auch bei *Viola. Sie war 47 Jahre alt, hatte zwei Kinder geboren und bejahte meine Frage, ob sie denn Urin verliere beim Husten, Lachen, Pressen oder Niesen. Sie sagte zudem, dass sie immer auf der Suche nach der nächsten Toilette sei, weil ihre Blase nicht mehr so lange wie früher durchhalte.*

Man nennt das Stressinkontinenz und es hat folgende Ursachen:

1. Die Schleimhäute von Blase und Scheide haben eine völlig baugleiche Schleimhaut. In jungen Jahren sorgt diese Schleimhaut dafür, dass wir beim Sex genügend Feuchtigkeit produzieren und dass unsere Blase immer ein gutes Polster hat und damit stets dicht ist. Der Feuchtigkeitsgehalt der Schleimhaut und ihre Elastizität sind abhängig vom Östrogen, das ihr ja schon kennengelernt habt.

2.	Mit der Umstellung des Hormonmix wird diese Schleimhautschicht dünner, weniger saftig und anfälliger für Verletzungen. Vielleicht merkt frau das daran, dass sie länger braucht, um beim Sex feucht zu werden und auf Betriebstemperatur zu kommen. Vielleicht merkt ihr aber auch, dass das Wasserlassen anders funktioniert als in jungen Jahren. Öfter mal muss es ganz schnell gehen, die Blase will auch alle Nase lang entleert werden. Wir haben das Gefühl, der Verschluss sei etwas aus der Übung gekommen.

3.	Die Beckenbodenmuskeln werden, wie alle anderen Muskeln auch, weniger kräftig – es sei denn, wir tun etwas dagegen.

Wie könnten also die Lösungen aussehen? Wir wollen ja auch weiterhin herzhaft und entspannt aus vollem Halse lachen können. Ich habe *Viola* also Folgendes vorgeschlagen:

1.	Bei Trockenheit der Scheidenschleimhaut hilft zuverlässig eine östrogenhaltige Salbe. Mit einem Spiegel könnt ihr nachsehen, ob die Schleimhaut blasser ist als früher. Falls ja, ist sie meist auch trockener. Manchmal weist euch auch die Frauenärztin darauf hin, dass ihr diese Cremes verwenden solltet. Abends wird sie in die Scheide gecremt. Anfänglich solltet ihr täglich cremen, dann jeden zweiten Tag. Als Erhaltungsdosis genügt ein- bis zweimal in der Woche in der Phase, in der das Östradiol bereits fehlt und das Östron noch nicht komplett übernommen hat.

2. Zur Stärkung der Beckenbodenmuskeln können wir uns als einfachste Übung angewöhnen, beim Wasserlassen immer einmal wieder den Strahl anzuhalten. Das stärkt genau den Muskel, auf den es ankommt. Er wird kurz PC-Muskel genannt und hat mit dem Computer nichts zu tun. PC wie „Pubococcygealmuskel" für alle die, die Zungenbrecher mögen. Wir können aber auch im Alltag willentlich unsere Scheide „hochziehen". Tolle Übung und ganz wunderbar, wenn man am Herd steht oder an der Bushaltestelle. Stellt euch vor, ihr würdet die Vagina mit einem Fahrstuhl nach oben fahren lassen in Richtung Nabel. Dort kurz die Spannung halten und dann wieder loslassen. Wenn wir diese Übung öfter machen, wird der gesamte Beckenboden gestärkt. Davon hat dann nicht nur unsere Blase etwas, sondern wir erleben beim Sex auch kräftigere und lustvollere Orgasmen. Wenn das keine Motivation zum Üben ist?

Medizinische Infos

Bei Frauen, die viele Kinder geboren haben oder von Hause aus ein sehr schwaches Bindegewebe haben, kann es sein, dass cremen und Gymnastik alleine nicht genügen, um die Blase ausreichend zu festigen. In solchen Fällen gibt es kleine Operationen, bei denen mit einem Bändchen oder einer Schlinge der Blasenausgang nach oben gezogen wird und so eine Verstärkung des Schließmuskels geschaffen wird. Das beugt zudem Blasensenkungen vor. Ich finde, ein solch kleiner Eingriff ist besser, als immer in Anspannung zu leben oder gar ständig mit einem „Windelpaket" zwischen den Beinen durchs Leben zu gehen.

Dauerblutungen

Solange unsere Regelblutung regelmäßig alle 28 Tage kommt, sind die „Tage" zwar vielleicht lästig, aber berechenbar. Ab 40 kann es jedoch passieren, dass schon alle 14 Tage wieder Blutungszeit ist. Ihr ahnt es schon, es hat mit dem Progesteron-Mangel zu tun. Der ist auch verantwortlich dafür, dass die gewohnten 28 Tage-Abstände jetzt auf 25 oder gar nur 21 zusammenschrumpfen.

Dann kann rasch schon mal Panik entstehen. Es fühlt sich nämlich so an, als würden wir ausbluten. Wir verlieren Substanz, wir verlieren Eisen und werden immer schlapper. Was tun?

- ➤ Mönchspfeffertropfen können den Zyklus norma-
  lisieren helfen
- ➤ Progesteron-Gel ab Zyklustag 14 cremen (s. S. 98)
- ➤ Kräuterblutsaft gegen Eisenmangel einnehmen
- ➤ genügend Vitamin C zu sich nehmen hilft, Eisen
  besser aufzunehmen

Wenn die Blutungen sehr stark sind, länger als 14 Tage anhalten oder extrem schmerzhaft sind: Ab zur Gynäkologin.
Dort sollte eine Ultraschalluntersuchung gemacht werden.
Sind Zysten am Eierstock vorhanden? Hat die Gebärmutter
Myome (Muskelknoten)? Wenn nötig, könnte die Pille
verordnet werden. Es muss auch abgeklärt werden, ob
eine Ausschabung helfen kann, die Dauerblutung zu stop-
pen. In Extremfällen kann die Gebärmutterschleimhaut
auch mit Laser verödet werden – das beendet dann die
Blutungen dauerhaft. Andererseits haben die Blutungen
auch etwas Gutes: Sie sind für uns Frauen eine zusätz-
liche Möglichkeit, Giftstoffe aus dem Körper loszuwer-
den. Es lohnt sich also auch hier, abzuwägen und jetzt
vielleicht doch mit dem Rauchen aufzuhören.

Nicht empfehlen würde ich die Infusion mit Eisen-
präparaten. Ich weiss, dass viele Gynäkologen diese machen oder dazu raten. Als Naturheilkundlerin sehe ich
aber häufige Nebenwirkungen mit Schwindel, Übelkeit,
Verstopfung, Kollaps – und was ich am schlimmsten finde:
Der Körper kann dieses Fremdeisen nicht gut verarbeiten.
Oft hält der gute Effekt im Labor nur wenige Wochen an.

Schlafstörungen

Als Kinder schlafen wir alle tief und fest. Wir sind dabei im Allgemeinen so weit weg, dass wir am Morgen noch einige Zeit benötigen, um wirklich komplett wach zu werden. Für die meisten Kinder und Jugendlichen müsste die Schule mindestens eine Stunde später beginnen, damit sie gut lernen können. Aber das ist eine andere Geschichte.

Im jungen Erwachsenenalter ist Schlafenkönnen quasi eine Selbstverständlichkeit. Nach durchtanzten Nächten fallen wir wie tot ins Bett. Lange wach sein zu können steht eher oben auf der inneren Wunschliste, um ja nichts vom aufregenden Leben zu verpassen.

Ab 40 spüren wir dann aber allmählich, dass die nächtlichen Ruhephasen keine „verschwendete Zeit" sind. Der Körper braucht die äußerliche Ruhe, um innen arbeiten zu können. Die Natur macht das auch – im Winter sieht man keine äußere Aktivität, unter der Oberfläche tut sich aber viel.

Was macht der Körper in der Nacht?

Er verdaut das, was wir ihm tagsüber zugeführt haben. Wenn wir zu spät abends zu viel, zu fett, zu süß essen oder trinken, wird er mit seiner Arbeit nicht fertig. Das Zeug liegt uns dann schwer im Magen. Wir bekommen saures Aufstoßen, Sodbrennen oder wälzen uns von einer Seite auf die andere. Morgens haben wir dann Augenringe wie eine Eule. Das ist auch ein Zeichen dafür, dass wir dem Körper zu viel Last zugemutet haben. Der morgendliche Stuhlgang zeigt uns das Produkt der nächtlichen Anstrengungen des Körpers.

Er scheidet nachts aber zusammen mit den Nahrungsüberresten auch Giftstoffe aus. Das tut den Zellen und allen Organen gut. Sie atmen quasi auf und fühlen sich wieder frischer. Je mehr Gifte wir allerdings zu uns nehmen (Stichwort Rauchen, Alkohol, Drogen), desto länger sollte die Schlafphase eigentlich sein. In Tat und Wahrheit gehen die geselligen Menschen, die in weinseliger Laune zusammen sitzen, aber deutlich später zu Bett als die anderen.

In seiner Not deponiert der Körper die Giftstoffe, die er nicht schnell genug loswird, in den Gelenken, dem Bindegewebe. Genau dort also, wo es uns später dann piekt und schmerzt. Das wird dann Arthrose genannt oder Rheuma.

Nachts wird der Körper auch zum „Handwerker". Er repariert kaputte Zellen. Die Killerzellen (die heißen tatsächlich so!) gehen auf die Pirsch und fressen etwaige Krebszellen, die wir alle pausenlos in uns haben. Fehler bei der Zellteilung kommen vor, bei allen Lebewesen gibt es ständig Mutationen und das ist ganz normal. Diese „Fehlerzellen" tun uns auch nicht weh, sofern ihre Anzahl ein gewisses Maß nicht überschreitet. Darum ist die nächtliche Arbeit unserer Fress- und Killerzellen so wichtig. Es ist fast wie ein körpereigener Krimi: Reicht die Zeit, um den Mörder zu fangen und unschädlich zu machen?

Alleine das ist ein starkes Argument für genügend Stunden „Matratzenhorchdienst".

Es geht aber noch weiter mit den positiven Effekten des Schlafs: Wir erholen uns – ganz banal. Wir laden unsere durch die Tagesarbeit etwas erschöpften Energiebatterien wieder auf, damit wir am nächsten Tag kraftvoll durchstarten können.

Wir spüren also, dass uns der Nachtschlaf gut tut. Und stellen dann fest, dass wir vielleicht gar nicht mehr so leicht einschlafen können wie früher. Oder es geht uns so, dass wir alle zwei Stunden aufwachen. So ein gestückelter Schlaf ist nicht erholsam und auch nicht tief.

Je größer unser Schlafmangel ist, desto weniger Elan haben wir für unseren Alltag. Es keimt in uns der Verdacht, dass das auch schon etwas mit unserem Hormonmix zu tun haben könnte. Aber können wir alles darauf schieben?

Wohl eher nicht.

Also, was tun? Ursachen suchen!

Wenn wir schon in jüngeren Jahren nicht so besonders gut schlafen können, sollten wir vielleicht mal überprüfen lassen, ob das Bett auf einer *Wasserader* steht. Gute Geobiologen, Rutengänger und auch viele geschulte Therapeuten können hier für Klarheit sorgen (nützliche Adressen im Anhang).

Was unseren Schlummer ebenfalls gehörig stören kann, ist *Elektrosmog*. Das Handy taugt nicht gut als Wecker. Der Radiowecker direkt neben dem Kopf ist auch nicht so prickelnd, weil dann das Hirn die ganze Nacht unter Strom steht. Ein WLAN ist eine feine Sache, wenn man überall unkompliziert online gehen möchte. Es gehört in der Nacht aber abgeschaltet. Die feinen Ströme des WLAN, der Mikrowelle, auch des Fernsehers im Schlafzimmer, können die Gehirnwellenaktivität empfindlich stören und zu Schlafstörungen oder Alpträumen führen – schon bei Kindern.

Darum sollten die beliebten Baby-Phones auch nicht benutzt werden – seien sie noch so bequem. Gesundheit und Fitness beginnt schon früh, mit dem richtigen Bewusstsein der Eltern. Je älter wir werden, umso wichtiger ist es, die vermeidbaren Faktoren, die lästig sein könnten, zu beseitigen. Die nicht vermeidbaren, wie Mangel an diversen Hormonen, benötigen schon genug von unserer Energie.

Eine weitere Ursache für schlechten Schlaf können *Sorgen* sein. Das klingt banal, ist es aber nicht. Wenn uns der Job nervt oder wir ihn verloren haben, wenn eines der Kinder krank ist, wenn wir Knatsch haben mit unserem Liebsten, wenn die Elterngeneration schwächelt, wenn wir selbst angeschlagen sind oder kränkeln, wenn uns das Geld fehlt, wenn uns der Straßenlärm stresst oder was auch immer, dann kann es sein, dass wir im Bett rotieren wie das Hähnchen am Grill, aber nicht zur Ruhe kommen können.

Hier hilft vielleicht Folgendes:

> Tagebuch schreiben – alle Sorgen aufs Papier, aber nicht mit ins Bett nehmen
> Aufstehen, wenn der Schlaf nicht kommen will, etwas tun – lesen, bügeln, Kreuzworträtsel machen
> abends einen leichten Spaziergang um den Block, um den Kopf auszulüften und Sauerstoff zu tanken
> warmes Fußbad, auch gerne mit Lavendelöl drin, nimmt die überschüssige Energie aus dem Kopf und hilft beim Herunterfahren
> Lavendelkissen ans Kopfende des Bettes – der Duft wirkt sehr entspannend.
> grundsätzlich für warme Füße sorgen, kalte Füße behindern das Einschlafen erheblich
> ruhig atmen, gefühlt eine längere Ausatmung als Einatmung – das bringt den Körper in den Ruhemodus
> in Gedanken durch den ganzen Körper reisen und sich bei jedem Organ bedanken
> beten, nicht nur für sich, sondern auch für alle

unsere Lieben, kann sehr entlastend sein
- ➢ Melissen-Baldrian-Frauenmantel-Pfefferminztee abends statt Rotwein ausprobieren, was euch am besten schmeckt und am besten wirkt. Im Handel gibt es auch Schlaftees, Nerventees, die könnten eine Option sein.
- ➢ Abendessen früher als 19 Uhr – und leichte Kost am Abend (Suppe, Gemüse)
- ➢ Obst und Süßigkeiten abends meiden – die gären im Magen, nicht gut für die nachtaktive Leber!
- ➢ Wärmflasche an die Füße, Wärmflasche auf den Bauch – zieht die überschüssige Energie aus dem Kopf und ist wohlig (ausser bei Hitzewellen!)
- ➢ heiße Milch mit Honig zum Schlafengehen. Oder Buttermilch mit Mangosaft für diejenigen, die süße Milch nicht mögen; Milch enthält die Aminosäure Tryptophan, dem Baustoff fürs Schlafhormon
- ➢ bei nachgewiesenem Progesteronmangel: Progesteron-Gel eincremen

Medizinische Infos

Die zunächst naheliegende Lösung, nämlich eine Schlaftablette einzunehmen, ist tatsächlich keine gute Idee. Denn Schlaftabletten verändern den Aufbau des natürlichen Schlafes. Es ist dann zwar wie Narkose, wir schlafen extrem tief, aber nicht erholsam, weil uns die Traumphasen fehlen. Zudem haben die meisten Schlafmittel eine sehr lange „Halbwertszeit", d.h., sie wirken immer noch, wenn wir morgens eigentlich fit und munter sein sollten. Der Effekt ist dann, dass wir tagsüber selbst herumwandeln wie eine Schlaftablette, immer müde sind und vielleicht sogar zwischendurch einnicken. Das sorgt dafür, dass der nächste Abend noch schlimmer wird. Und die meisten Schlaftabletten können ganz fix abhängig machen – „low dose dependency" nennt man das im Fachjargon. Viele Frauen brauchen dann fast ständig ein bisschen dieser Beruhigungsmittel (als „mother's little helpers" haben die Rolling Stones sie besungen). Der Überhang der noch immer wirksamen Schlafmittel am Tag könnte auch einer der Gründe für die häufigen Stürze älterer Frauen sein. Deswegen, liebe Frauen: Finger weg von der Chemie – die beseitigt zwar vielleicht das Symptom, aber nicht die Ursache. Und wir kaufen Nebenwirkungen ein, die wir nun wahrlich nicht brauchen.

Der Stoffwechsel, dieser miese Verräter – und wie wir ihn auf Trab bringen können

Wie schon erwähnt, beschließt Mutter Natur so ab 40, dass wir genügend lange auf der Überholspur des Lebens unterwegs waren, und fährt den Grundumsatz zurück. Wir alle kennen die Folgen: Wir fühlen uns müder, schlapper, nehmen vielleicht an Gewicht zu und sehen im Spiegel eine „Zusatzachsel", die wir noch nicht kennen. Ganz zu schweigen von den berühmt-berüchtigten „Winke-Armen", wo einst ein straffer Oberarmmuskel war.

Meine Kollegin *Uschi* meinte zwar, Frau habe immer die Wahl zwischen Fett oder Falten – und am Ende hätten wir beides. Ich kenne aber viele Tricks und Kniffe, mit denen wir den fauleren Stoffwechsel doch etwas auf Trab bringen können.

➢ Wechselwarme Duschen bringen viel. Die Haut muss immer, wenn wir zwischen warm und kalt abwechseln, mehr arbeiten. Auch die Muskeln müssen mehr Wärme produzieren. Das bringt den Kreislauf in Schwung und verbrennt einige Kalorien. Zudem macht es die Haut straffer und schöner.

➢ Trockenbürsten mit einer sanften Saunabürste, einem Badehandschuh oder einem Waschlappen macht Sinn. Sanfte, kreisende Bewegungen lösen die alten Hautschuppen ab, regen die Durchblutung an, sorgen durch die leichte Muskelarbeit für Verbrennung und aktivieren den Stoffwechsel.

➢ Beklopfen der Region des Thymus. Das ist die Gegend unseres Brustbeins. Dies bringt das Immunsystem in Schwung und aktiviert den Kreislauf. Beklopfen der Schilddrüse „weckt" sie aus ihrem Dornröschenschlaf.

➢ Reiben der Ohrmuscheln ist ein „Wake-up-call" für den ganzen Körper. In der Ohrmuschel ist der ganze Körper repräsentiert. Also zieht euch selbst zart am Ohr und ihr fühlt euch gleich wacher und fitter. Wenn ihr das vor dem Spiegel macht, sieht es auch noch komisch aus! Und das Lachen stärkt euer Immunsystem ganz kostenlos.

➢ Massagen, Lymphdrainagen sowie Zupfen oder Klopfen des Bindegewebes sorgen dafür, dass die Muskeln gelockert werden. Dann klappt der Abtransport von Abfallstoffen besser. Zudem entspannen wir uns über die Berührung. Wie wir alle wissen, ist alles, was den inneren Stress mindert, gut für unser Wohlbefinden und hilft dem Körper beim reibungslosen Funktionieren.

➢ Alles, was scharf ist, kitzelt den Stoffwechsel und bringt ihn auf Touren. Das kann der heiße Sex sein, es geht aber auch das scharfe Essen, mit Chili, Pfeffer, Thai-Curry, Ingwer oder Curcuma.

➢ Heiß tut auch in Form von Sauna oder Dampfbad gut. Der Körper heizt auf und wird immer wieder gekühlt. Diese Mehrarbeit stimuliert den Stoffwechsel und regt die Ausscheidung an.

➢ Trinken, trinken, trinken – ist nicht nur bei Cindy Crawford der Klassiker. Tatsächlich benötigt der Körper täglich 30 Milliliter Wasser pro Kilogramm Körpergewicht, um seine Lebensfunktionen proper ausführen zu können. Das bedeutet, dass eine 70 Kilogramm leichte Frau mindestens 2,1 Liter Wasser täglich trinken sollte. Wenn sie viel Sport macht und darum mehr schwitzt, braucht sie eventuell sogar noch mehr. Gönnen wir dem

Körper mehr Wasser, können wir zusätzlich alte Schlacken ausscheiden.

➢ Ich erkläre es meinen Patientinnen immer so: Der Stoffwechsel ist auf Schubkarren angewiesen, sonst kann er nicht vernünftig arbeiten. Manche Schubkarren bringen die Baustoffe für unser Körperhaus her, andere karren den Abfall weg. Wenn wir viel Schutt auf unserer Baustelle haben, brauchen wir mehr Karren. Benötigen wir wegen einer Reparatur z.B. nach einer Operation, mehr Baustoff, benötigen wir mehr Schubkarren. Und die Schubkarren sind immer das Wasser – unser wichtigster Lebensstoff. Stellt euch vor: Wir können 40 Tage oder gar länger ohne Essen sein, wir sterben aber innerhalb weniger Tage ohne Wasser (von solchen Fabelwesen wie indischen Gurus einmal abgesehen).

➢ Bewegung in jeder Form! Jeder Aufzug, den ihr verschmäht, jede Treppe, die ihr zu Fuss geht, jede Bushaltestelle früher, die ihr aussteigt und den Rest zu Fuß geht, aktiviert euren Stoffwechsel. Ganz besonders sinnvoll scheint es zu sein, morgens nüchtern schon eine Ration Bewegung hinter sich zu bringen. Genau dann müssen die Muskeln ihren Brennstoff aus dem Fettgewebe holen. Das macht schlank und hebt die Laune, denn Bewegung und Wohlfühlhormone sind eng verknüpft.

➢ Wenn die Schilddrüse ganz träge ist, könnten wir ihr eine Zusatzportion Fisch verordnen. Viel Jod hilft ihr, die wichtigen Hormone Trijodthyronin (T3) und Thyroxin (T4) vermehrt zu bilden.

Vorsicht: Was auf Dauer sicher nicht funktioniert, sind chemische Appetitzügler. Sie wirken alle aufs Gehirn und stören dort die Harmonie der Botenstoffe. Zudem machen viele von ihnen rappelig, nervös, lassen das Herz viel zu schnell schlagen und erhöhen auch den Druck in der Lunge – keine gelungene Veranstaltung!

Was auch nicht so prickelnd ist, sind die chemischen Schilddrüsenmittel, die viel zu oft und zu lange und dazu in viel zu hoher Dosis verordnet werden. In vielen Fällen deutlich besser ist es, hohe Dosierungen von Vitamin D 3 zu geben und ggf. die Schilddrüse homöopathisch zu unterstützen.

Zuweilen gelingt es auch, mit der Schilddrüse zu „sprechen" und sie sich in Licht getaucht vollständig gesund und fit vorzustellen. Denkt immer daran: Das Denken steuert die Materie – oder wie die Engländer sagen: Mind over matter! Wir können uns gesund und fit und sexy denken. Genauso können wir es schaffen, uns über unsere Gedanken krank, alt und hässlich zu machen.

Eine Pille hier, eine Kapsel dort, Zusatzstoffe in aller Munde – was brauchen wir?

Unsere Ernährung ist immer wieder Thema in den Medien – meist dann, wenn wieder einer der zahlreichen Skandale aufgedeckt wird: Salmonellen in den Eiern, BSE-Erreger im Rindfleisch, Antibiotika und Hormone in allen anderen Fleischsorten, Gensaaten bei Mais und Soja und wie die Stichworte alle heißen.

Am besten, so will es scheinen, ist es, nur noch von Zusatzstoffen zu leben. Von den gesunden Zusätzen, wenn möglich, ganz viele ... weil viel hilft viel.

Dieser Meinung bin ich nicht!

In der Praxis tauchte kürzlich *Gundula* auf, eine adrette, erfolgreiche Mittvierzigerin in leitender Position. Sie wollte von mir wissen, welche ihrer zahlreich mitgebrachten Nahrungsergänzungen, Vitamine, Spurenelemente, Faserstoffe, Schwermetallbinder, Glücksnahrungsstoffe, Pflanzenkügelchen, Salze und Kapseln für sie tatsächlich energiemäßig gut und prima verträglich waren. Dabei stellte ich dann fest, dass drei von vier Substanzen ihr nichts brachten – hinausgeworfenes Geld also. Einige ihrer Pillen waren sogar regelrecht schädlich für sie.

Damit ich richtig verstanden werde: Das betrifft sowohl die chemischen Mittel als auch Präparate der Naturheilmedizin. Nicht alles, was pflanzlich ist, ist auch individuell gut verträglich.

Zuweilen habe ich den Eindruck, dass die Gesamtgesundheitslage der (weiblichen) Bevölkerung immer dann besonders dramatisch geschildert wird, wenn es gilt, das eine oder andere neue und scheinbar sensationell gute Präparat an die Frau zu bringen.

Vielleicht hat es mir geholfen, dass ich vom Land komme und bodenständig bin. Dazu habe ich eine gesunde Portion Skepsis in Bezug auf ständig wechselnde Trends. In meiner Praxis teste ich immer kinesiologisch, d.h. mit einem Muskeltest, wie die Pillen oder Kapseln energetisch wirken (mehr dazu in einem späteren Kapitel).

Erst dann, wenn eine Substanz bei vielen meiner sehr unterschiedlichen Patienten zuverlässig gute Resultate erzielt, empfehle ich sie.

Meine Top Five

> ➢ Vitamin D 3 in einer Dosis von mindestens 3000 IE bis 6000 IE am Tag – je nach Blutbefund.

Vitamin D ist eigentlich ein Hormon. Sonnenhormon würde ich es nennen, und es hilft, viele chronische Zivilisationserkrankungen erst gar nicht entstehen zu lassen. Zudem kann es deren Folgen deutlich mindern. Vitamin D bilden wir vor allem in der Haut, aber nur dann, wenn wir diese auch der Sonne aussetzen. Das heißt ohne Sonnencreme! In unseren Breiten ist großflächiges Sonnenbaden nur in den wenigen Sommermonaten ratsam oder überhaupt möglich. Darum haben über 75 % der mitteleuropäischen Bevölkerung einen mehr oder weniger ausgeprägten Vitamin-D-Mangel. Wenige Menschen wissen, dass zu wenig Vitamin D nicht nur die Knochen brüchig macht. Der Mangel begünstigt auch mehr Herzinfarkte, Depressionen und Krebs, um nur mal die wichtigsten zu nennen. Der empfohlene Blutspiegel sollte bei über 50 liegen – gerne auch mehr. Meist dümpelt er aber zwischen 20 und 30 herum. Das ist zu wenig, um als Frau strahlend und frisch durch die heißen Zeiten der Wechseljahre zu segeln.

> ➢ Magnesium in einer Dosis von mindestens 400 Milligramm am Tag, in Form von Magnesiumchlorid (schmeckt leider bitter) oder als Brausetablette aus dem Supermarkt (günstiger als in der

Apotheke und trotzdem wirksam)

Viele Frauen leiden ja unter Verstopfung, ziemlich viele an nächtlichen Wadenkrämpfen, manche an Lidzucken oder Reizdarmbeschwerden. Eine große Anzahl Menschen ist häufig nervös, reizbar und gestresst. Für alle diese Beschwerden ist regelmäßiger Magnesiumgenuss quasi die Wunderwaffe. Magnesium ist unser Nervenmineral. Wer körperlich schwer arbeiten muss oder einen anstrengenden Denkberuf hat, braucht schon deshalb eine Extraportion Magnesium. Wir können es auch kaum überdosieren. Wenn der Körperspeicher voll ist, bekommen wir Durchfall und wissen dann, dass es genug ist im Moment. Dann einen Tag Pause und danach etwas weniger einnehmen.

➢ Selenit in einer Dosis von mindestens 50 Mikrogramm bis 300 Mikrogramm, je nach Fall, morgens nüchtern

Selen ist ebenfalls ein Mineral, das der Körper nicht selbst herstellen kann. Wir sind also auf Zufuhr von außen, mit der Nahrung, angewiesen. Selen ist einer der großen „Schleuser" in unserem Körper. Es hilft, Substanzen in die Zelle zu bringen und nimmt auf dem Rückweg Gifte und Schwermetalle mit, um sie auszuscheiden. Nun sind wir glücklicherweise nicht alle vergiftet, aber über das Rauchen, Zahnfüllungen, Seefisch und viele andere Quellen gelangt doch jeden Tag eine Menge an Giftstoffen in unseren Körper. Je länger wir diesen Giftstoffen ausgesetzt sind und je mehr sich diese in unserem Körper anreichern, desto mehr könnten die zum Problem werden. Darum ist die Selengabe eine großartige Vorbeugung, nicht nur für Zahnärztinnen und ihre Assistentinnen, sondern für alle Frauen.

> Zink in einer Dosis von 50 Milligramm täglich

Zink ist ebenfalls ein Mineral. Es wird vor allem für Haut, Haare, die Wundheilung und für die Potenz benötigt. Zudem ist Zink mittendrin im Insulin. Es hat also auch Auswirkungen auf den Zuckerstoffwechsel und schützt uns so ein Stück weit vor Diabetes. Jede Frau, die Wert legt auf schöne Haut, glänzende Haare und feste Fingernägel sollte also Zink zu sich nehmen – auch gerne als Vorbeugung gegen Infekte in der kalten Jahreszeit.

> Kieselsäure-Gel und Flohsamenschalen in einer Dosis von jeweils 1 Löffel täglich

Kieselsäure-Gel (Silicea) ist ein wesentliches Mineral für unsere Knochen – gemeinsam mit Magnesium. Die beiden in Kombination sind für alle Frauen, die unter Osteoporose leiden, notwendig. Sie wirken besser und sind vor allem deutlich besser verträglich als alles, was es an Präparaten mit Calcium und Biphosphonaten auf dem Markt gibt. Silicea gibt der Wirbelsäule Stabilität für eine schöne, gerade Haltung. Es kann aber noch mehr: Es hilft dem Darm, Giftstoffe zu binden, damit diese nicht durch die Darmschleimhaut gelangen. Wenn Gifte ins Blut gehen, lösen sie Abwehrmechanismen aus. Das fühlt sich dann an wie eine Allergie. Der Fachausdruck für dieses Krankheitsbild heißt „Leaky gut" – der übermäßig durchlässige Darm, der im gesunden Zustand ja eine Barriere gegen Giftstoffe sein sollte.

Die Flohsamenschalen werden wie die Kieselsäure in Wasser aufgelöst, kurz umgerührt und dann sofort getrunken. Sie quellen auf und ähneln dann im Aussehen einer schleimigen Qualle. Darum empfiehlt es sich, noch einmal ein Glas Wasser hinterher zu trinken, damit dieser Brei gut durch den Darm flutscht. Die positiven Effekte des Flohsamenschalens sind, dass der Stuhlgang weich wird. Das schont unsere Beckenbodenmuskeln und Hämorrhoiden entstehen erst gar nicht. Er bindet aber auch Giftstoffe und löst alte Krusten aus der Darmwand. Wenn die Darmwand Ausstülpungen bildet, nennt man das „Divertikulose". Sobald der Darm aber träge arbeitet, verkriecht sich der Moder in diesen Ausstülpungen und entzündet sich leicht. Die Entzündung heißt *Divertikulitis* und ist äußerst schmerzhaft und hinderlich für unser Wohlbefinden.

Wer jetzt die Klassiker wie Calzium, Kalium, Folsäure, Q 10, Vitamine A, B, C oder E vermisst, dem sei gesagt, dass wir diese als Teil einer gesunden, ausgewogenen, frischen und jahreszeitlich angepassten Ernährung immer in ausreichender Menge zu uns nehmen.

Es ist hier wie bei so Vielem: *Weniger ist mehr!*

No Sports, please – Kleine Fitnesstipps für Bewegungs-muffel

Schauen wir mal der Wahrheit ins Gesicht. Nicht jede Frau ist ein Bewegungsnaturell. Manche Frau geht schon nicht gerne joggen, weil ihr die Knie wehtun.

Oder ich denke an *Olivia: Sie stellt sich immer vor, wie sie von hinten aussieht, einschließlich wackelndem Hinterteil und von Zellulite geplagten Oberschenkeln. In der Praxis klagt sie, dass sie bei ihr zu Hause eh keine Natur habe, sondern nur entlang einer vielbefahrenen Landstraße laufen könne. Sie mag die Sportart nicht, weil sie keuchendes Gerenne unsexy findet ... Aber auch die Vorstellung, mit anderen Frauen gemeinsam in einer Gymnastikhalle zu Musik Verrenkungen ausführen zu müssen, gefällt Olivia nicht. Sie fürchtet, dass hinter ihrem Rücken über sie gelästert würde: „Schau mal, wie unge-schickt die sich anstellt", oder „Bei dem Hintern, die traut sich was in den engen Leggings"...*

Und Olivia hat eine eingefleischte Scheu vor Wasser. Sie mag nicht aufs Rad und empfindet Spaziergänge, ob mit oder ohne Walking-Stöcke, als zu anstrengend.

Kurzum, selbst dem größten Schmeichler wird es nicht gelingen, jede Frau hinter dem Ofen hervor zu zerren und zur Bewegung zu animieren.

Was können Frauen wie *Olivia* aber machen, wenn sie sich den 40 nähern oder gar schon darüber sind? Ganz klar ist, dass es mit jedem Jahr, das danach ver-geht, immer größerer Anstrengungen bedarf, den inneren

Schweinehund mit ins Boot zu holen und ihm klarzumachen, dass wir nur dann fetzige Muckis haben, wenn wir sie auch benutzen – wenigstens ab und zu!

Es gilt leider die Devise: Use it or lose it – benutze sie oder du wirst sie verlieren.

Was geht also im schweißgebadeten Alltag, ohne dass es große Mühe macht oder den lästernden Kollegen auffällt?

- ➢ Im Büro die Treppe gehen, den Aufzug links liegen lassen.
- ➢ Öfter mal vom Schreibtisch aufstehen, um kurz zum Drucker zu gehen, in die Cafeteria oder in die Kantine ... oder auf ein Schwätzchen zur Kollegin nebenan.

- Auf dem Weg zur und von der Arbeit kleine Umwege gehen. So lernt man seine Stadt kennen und entdeckt vielleicht auf dem Weg eine niedliche kleine Boutique oder ein schickes Café.

- Bewusstes Ausatmen heißt Dampf ablassen. Ganz langsam und ganz lange ausatmen, bis kein Hauch von Luft mehr in einem drin ist. Vielleicht hilft euch die Vorstellung vom kleinen Drachen, der Feuer speit oder einen Feind einfach umpustet (könnte auch der misslaunige Chef sein oder die grantige Nachbarin ...). Danach langsam und tief in den Bauch einatmen – hilft gut gegen Hektik und Stress, bewegt das Zwerchfell, unseren wichtigsten Atemmuskel und massiert so auch den Darm.

- Im Bett beim Aufwachen Rad fahren: Wenig anstrengend, Beine einfach in die Höhe und so tun, als täten wir radeln. Das kann man gedanklich prima untermalen mit den inneren Bildern vom letzten Urlaub, vom Lieblingssee oder Ähnlichem – zaubert garantiert ein Lächeln auf eure Lippen.

- Zum Einkaufen zwei Taschen mitnehmen und sie einigermaßen gleichmäßig befüllen. Dann ab und zu ein bisschen heben und wieder senken. Das stärkt die Armmuskeln und die Brustmuskeln und verbessert die Haltung.

- Am Schreibtisch sitzend alle halbe Stunde die Füße weg vom Boden, so hoch heben, wie der

Schreibtisch es zulässt und einige Sekunden oben halten. Gerne auch wippen, ohne abzusetzen. Wenn ein Bein genug hat, dann kommt das andere dran. Gibt schöne Oberschenkel, und den Venen tut es auch gut.

➢ Beim Zähneputzen auf ein Bein stellen, das andere darf vor und zurückschwingen. Bitte nicht ins Waschbecken fallen, langsam anfangen. Die fortgeschrittene Übung ist das Schwingen seitlich – soweit es das Becken erlaubt – und kreisen kann man auch. Gut für die Bauchmuskeln, den Po und den Gleichgewichtssinn.

➢ Beim Kochen, Spülen oder Gemüseschälen Fersen mit Schwung zum Hinterteil führen. Abwechselnd rechts und links, dabei das Umrühren des Essens nicht vergessen. Macht die Leiste beweglich und straff.

Ich würde mir wünschen, dass die eine oder andere unter euch durch diese kleinen Übungen Lust bekommen hat auf mehr. Es ist immer sinnvoll, klein anzufangen, um den Spaß daran zu behalten. Jeder Muskelkater ist schädlich. Früher dachten die Sportlehrer, Muskelkater sei ein Zeichen für gutes Training. Inzwischen hat die Sportmedizin nachweisen können, dass der Muskelkater von Übersäuerung im Muskel kommt und von Rissen kleinster Muskelfasern. Diese Mikroverletzungen muss der Körper dann heilen, weil wir das Training übertrieben haben. Wir wollen uns ja nicht überfordern. Aber stetes

Üben macht ein schönes Bein – und mehr.

Wenn ihr es nicht übertreibt, wird auch euer innerer Schweinehund allmählich Freude bekommen am „ich schaffe jetzt schon drei Stockwerke, ohne dass mir die Puste ausgeht". Dann können wir die Herausforderungen ein bisschen verschärfen.

Warum das Ganze? Kann man nicht einfach in Würde auf dem Sofa sitzen bleiben? Schon – aber Bewegung macht gute Laune, macht sexy und hält uns viele Weh-wehchen vom Hals.

Was darf es heute sein? – Tipps für Bewegungsnaturelle

Wie schön, dass ich euch begeistern konnte! Dafür erzähle ich euch jetzt einmal, was Bewegung alles bewirkt:

- tiefere Atmung
- kräftigerer Herzschlag
- Blutdruck normalisiert sich
- mehr Sauerstoff im Körper
- verjüngt die Zellen
- stärkt das Immunsystem
- fördert die Produktion von Wohlfühlhormon
- reduziert Stresshormone und damit Alterung
- verbessert die Kondition
- verbessert die Konzentration
- mehr Muskeln verbrennen mehr Fett
- mehr Muskeln sehen sexy aus

- ➢ verbessert die Beweglichkeit
- ➢ verbessert die Ausdauer, auch in anderen Bereichen
- ➢ gut fürs Selbstvertrauen
- ➢ macht Spaß und fühlt sich einfach gut an

Ich mache es seit 3 Jahren so, dass ich jeden Morgen noch ziemlich schlaftrunken in unseren Keller wanke, wo wir ein hauseigenes „Fitnessstudio" eingerichtet haben. Dort mache ich zu meiner Lieblingsmusik zunächst einige Übungen mit der „Kettlebell". Danach bin ich wach und schwitze schon leicht. Dann kommen einige Übungen aus dem Yoga, mit Dehnung aller Muskeln. Ich will ja schön und beweglich sein. Die Übungen sollen anstrengen, aber quälen will ich mich nicht. Zum Schluss laufe ich auf dem Crosstrainer 15 Minuten bei mittlerer Belastungsstufe – je nach Tagesform mal mehr, mal weniger. Wenn ich ganz gut drauf bin, dürfen es noch einige Übungen mit der Langhantel oder den beiden Kurzhanteln sein. Nach ca. 45 Minuten fühle ich mich rundumerneuert, hüpfe unter die Dusche, genieße meinen Frühstückskaffee, meinen Apfel oder die Grapefruit und freue mich auf den Tag mit allen Patienten. Es kann kommen, was will. Diese erste Stunde am Tag gehört mir!

Wer sich in jungen Jahren schon immer gerne bewegt hat, darf jenseits der 40 alles weiterhin machen, was bisher Spaß gemacht hat. Wer also gerne joggt, jogge weiterhin. Diejenigen, die lieber mit den Stöcken walken, nur zu. Auch Wandern oder flottes Spazierengehen erfüllen den gleichen Zweck. Die Beinmuskeln kommen auf Trab, die Lungen füllen sich mit Sauerstoff, der Kopf wird frei und wir leben mit allen Sinnen.

Schwimmen ist eine weitere der Sportarten, die auf einen Schlag viele Muskelgruppen gleichzeitig aktivieren. Wer also eine Wasserratte ist, möge sich so oft wie möglich ins kühle Nass stürzen. Es darf auch ein wärmeres Nass sein, gerne auch unter südlicher Sonne. Warum nicht das Angenehme mit dem Nützlichen verbinden?

Gymnastik, Yoga, Pilates und derlei machen jetzt ebenfalls Sinn. Dort werden die größeren Muskeln gedehnt und damit beweglich und elastisch gehalten. Im hohen Alter sind wir für dieses Training dann dankbar, weil es die Sturzgefahr minimiert. Andererseits werden die kleinen, tiefen Muskeln gestärkt, was der aufrechten Haltung sehr zuträglich ist. Wie viel besser fühlt sich frau, wenn sie aufrecht und gerade durch den Tag schreitet, hüpft oder tänzelt? Die äußere Haltung wirkt auf unsere innere Haltung zurück. Diesen Umstand können wir für uns nutzen!

Nicht zu vergessen das Tanzen. Sich alleine oder mit Partner(in) zur Musik bewegen. Dort haben wir das geballte Gute-Laune-Programm: Bewegung, Musik, Berührung, Stärkung von Konzentration, Koordination, Kondition, Herz-Kreislauf-Leistung – und ganz viel Freude.

Wer den Winter liebt, kann mit Skifahren, Eislaufen, Schneeschuhwandern oder Schlitteln ganze Wochen füllen. Hier können wir Bewegung mit dem anregenden Kältereiz kombinieren und je nach Lust und Laune eher die alpine Version oder den Langlauf-Trail bevorzugen. Es ist erwiesen, dass eine Woche Urlaub im Schnee einen vergleichbaren Erholungseffekt hat wie drei Wochen Sommerferien.

Im Sommer können wir im und auf dem Wasser segeln, surfen, Aquajogging betreiben, paddeln, rudern oder tauchen. Im Wasser aktiv zu sein, entlastet die Gelenke, massiert die ganze Haut und tut dem Lymphsystem richtig gut. Müde Beine werden dort so richtig munter und frisch, die Lebensgeister erwachen wieder. Zudem tankt die Haut Sonne und aktiviert die Vitamin-D-Produktion.

Jenseits der 40 wird es zunehmend wichtig, ganz gezielt die Muskeln zu stärken. Ein starker Muskel hält die Knochen auch stark. Wir kennen schon das Motto: „Use it or lose it".

Wir müssen uns zu diesem Zweck nicht gleich in eine „Muckibude" begeben. Es geht auch anders: Zum einen gibt es inzwischen Studios nur für Frauen (wenn ihr das mögt), wir können aber auch im heimischen Wohnzimmer einiges tun: Eine „Kettlebell", also eine Kugelhantel von 6 Kilo genügt vollkommen, um fast alle Muskeln zu aktivieren. Das Internet ist voller Anleitungen für Übungen mit dieser kuhglockenähnlichen Apparatur, dass es frau so schnell nicht langweilig wird. Mit der Zeit und mehr Training wollt ihr vielleicht auf eine 8 Kilo-Glocke umsteigen. Im Kreis der Freundinnen lässt sich bestimmt eine „Tauschbörse" organisieren. Vielleicht wollt ihr sogar eine Truppe zum gemeinsamen Üben organisieren? Gemeinsam geht ja vieles leichter.

Wer es ein bisschen ehrgeiziger mag, ist mit langen

oder kurzen Hanteln richtig bedient. Sie können Übungen wie Kniebeugen, Sit-ups oder Armkreisen deutlich anspruchsvoller und anstrengender machen. In kurzer Zeit verbrennt ihr so viele Kalorien und trimmt den Muskel auf Leistung.

Dabei müssen wir Frauen nicht befürchten, bald auszusehen wie eine „Bodybuilderin". Die extremen Muskelpakete, die jeden Blusenkauf zum Frusterlebnis werden lassen, entstehen nur, wenn wir zu oft mit maximaler Last üben. Der Trick besteht darin, mit relativ wenig Gewicht viele Wiederholungen zu machen. Das stärkt die Mitochondrien in den Muskeln (unsere kleinen Kraftpakete in den Zellen), nicht aber den Gesamtumfang der Muskeln. So wird die Figur straff, dynamisch, sportlich, aber nicht unansehnlich!

Ganz wichtig finde ich, keinen übertriebenen Ehrgeiz an den Tag zu legen! Immer nur so viel tun, wie heute gerade möglich ist. Wir sind wie jedes Lebewesen nicht jeden Tag gleich belastbar. Die Tagesform spielt eine Rolle, die Mondphasen, die äußeren Umstände, die Alltagsbelastungen. Darum geht behutsam mit euch um, vermeidet Überforderung. Hört auf die zarte innere Stimme, die mahnt, dass heute nicht so viel Gewicht geht oder nicht so viele Wiederholungen. Das ist kein Makel – morgen ist auch noch ein Tag. Seid freundlich und geduldig mit euch selbst. Schon viele gute Projekte sind daran gescheitert, dass jemand zu viel auf einmal wollte. Darum: Take it easy, nehmt euch die Zeit, die ihr braucht! Sport und Bewegung sollen Spaß machen, Freude bringen, nicht ein weiterer Punkt auf einer endlosen Liste von lästigen Pflichten sein.

Gut geschnauft ist halb gewonnen – vom richtigen Atmen

Warum ein Kapitel übers Atmen? Muss das sein? Ja, es muss. Die meisten von uns atmen falsch und machen sich damit schneller älter als unbedingt nötig.

Wenn wir Babies sind, atmen wir noch richtig. Beobachtet einmal die Säuglinge in ihren Wiegen. Es hebt sich die gesamte Bettdecke, wenn sie atmen. Sie atmen beim Einatmen in den Bauch und beim Ausatmen senkt sich die Bauchdecke wieder. Damit kommt der Sauerstoff in jeden Winkel der Lunge, vor allem auch in die unteren Partien. Wir versorgen uns so optimal mit Sauerstoff. Das ist prima für unsere Zellen und unseren Stoffwechsel.

Je älter wir werden und je mehr wir uns gestresst fühlen, desto oberflächlicher atmen wir.

In der Praxis beobachte ich bei vielen Patienten, dass sie extrem oberflächlich atmen. Vor allem, wenn sie genervt sind, sich ärgern oder sich erschrecken, atmen sie ein und halten dann die Luft an. Schreck, Angst, Aufregung oder Zorn sorgen dafür, dass uns buchstäblich die „Luft wegbleibt". Die negative Emotion bleibt viel zu lange im Körper!

So ging es auch *Regina. Sie kam zu mir und klagte, sie könne kaum noch Treppen steigen. Immer öfter bleibe ihr die Luft weg, sie fühle sich alt – obwohl sie erst knapp 40 Jahre alt war. Sie atmete nur noch „im Hals", ihre Schultern hatte sie weit nach oben gezogen, der Kopf steckte quasi schon im Brustkorb. Sie hatte ihre drei Atemräume eingeengt und sich so selbst um viel „Spielraum" gebracht.*

Ich erläuterte ihr, dass es wichtig sei, Dampf abzulassen, verstärkt auszuatmen und damit loszulassen. Das konnte sie wieder lernen. Es war gar nicht so schwer. Sie fing damit an, von Zeit zu Zeit schnell und kräftig auszuatmen.

Ich sagte ihr, sie solle sich vorstellen, dass sie eine große Geburtstagstorte mit ganz vielen Kerzen auspusten dürfe. Damit konnte sie die Lunge leer machen und aktivierte das Zwerchfell, unseren Atemmuskel.

Reginas zweite Lektion war die bewusste, langsame und lange Ausatmung. Dazu durfte sie zunächst einen normal tiefen Atemzug machen und den so lange wie möglich langsam ausatmen. Als sie das Gefühl bekam, jetzt absolut keine Luft mehr in sich drin zu haben, machte sie eine kurze Pause. Dann durfte sie erneut normal einatmen und wieder länger ausatmen.

Das Ziel dieser Atem-Übung ist es, den durchschnittlichen Atemrhythmus, der hierzulande bei ca. 18 Atemzügen pro Minute liegt, auf 10–12 zu senken.

Ihr könnt das beim Gehen einfach üben: Vier Schritte einatmen, sechs bis acht Schritte ausatmen ... Macht es in eurem eigenen Tempo und nach euren Möglichkeiten. Kein Problem, wenn am Anfang nur vier Schritte einatmen und vier Schritte ausatmen möglich ist ... Veränderungen benötigen Zeit! Es ist noch keine Meisterin vom Himmel gefallen.

Wann immer ihr etwas vor euch habt, was nervlich aufreibend, knifflig oder schwierig sein könnte – nehmt euch die Zeit für einige tiefe und langsame Atemzüge. Sie sorgen dafür, dass euer Gehirn besser arbeitet, dass euer Geist ruhiger wird und dass ihr klarer handeln könnt.

Und wenn ihr schon mittendrin seid in einem Streitgespräch mit eurem Chef oder eurem Partner: AUSZEIT!

Fünfmal durchatmen – Pause in der Diskussion – in sich gehen: *Ausatmen!*

Diese Übung ist wunderbar geeignet, wenn ihr z.B. mit dem Auto im Stau steht. Ihr habt es supereilig, aber es geht nicht voran: *Ausatmen!*

Oder ihr seid im Supermarkt, steht an der Kasse und der Kunde vor euch schaufelt quälend langsam seine Einkäufe aufs Band, schwatzt endlos mit der Kassiererin: *Ausatmen!*

Ihr steht vor dem Aufzug, aber er kommt nicht. Oder gefühlte tausend Leute wollen erst raus, bevor ihr rein könnt: *Ausatmen!*

Es ist keine Marotte von mir, dass ich euch die Bedeutung der Atmung nahebringen möchte. Alle Weisheitslehren rund um den Globus, ob es Yoga ist, Meditation, Autogenes Training, Trancetechniken, Progressive Muskelentspannung, was auch immer – alle bedienen sich der bewussten Atmung und nutzen sie als ein Instrument, um an die unbewusst ablaufenden Vorgänge unserer vegetativen Steuerung heranzukommen. Die Atmung, richtig eingesetzt, ist genau der Hebel, den wir umlegen können, um entweder extrem gestresst zu sein oder wohlig entspannt. Die Atmung ist die Schaltstelle zwischen bewussten und unbewussten Abläufen im Körper.

Die *Atmung ist das Tor zum Unterbewusstsein.* Atmung bewusst einzusetzen verleiht uns Macht, unseren Körper auf Gesundheit und Wohlbefinden zu trimmen. Und Atmung ist das Erste, was wir in unserem Leben eigenständig tun und garantiert auch das Letzte!

Schon alleine deswegen macht es Sinn, diesen Atem bewusst für uns zu nutzen. Lasst uns den großen Atemmuskel, das Zwerchfell, regelmässig trainieren. Damit verbessern wir auch unsere innere Verfassung.

Ich wusste lange nicht, dass das Zwerchfell ein sehr sensibler Muskel ist, der uns Hinweise über unsere „seelisch-geistige Gestimmtheit" gibt. Ein verkrampftes Zwerchfell deutet also auf großen inneren Stress hin. Im Volksmund nennt man solche Menschen auch gerne „überzwerch" ... Grund genug, jeden Tag immer mal wieder bewusst Dampf abzulassen, sich Luft zu machen und mit einem tiefen Seufzer Sorgen loszulassen. Für unsere Seelenpflege ist das eine einfache und zugleich effektive Übung.

Reisegepäck Nr. 2 – Das Seelchen

Wenn wir über 40 sind, kann es Tage geben, an denen wir uns scheinbar nicht mehr kennen. Wie aus heiterem Himmel fangen wir an, zu weinen, ärgerlich zu werden, flippen wegen Kleinigkeiten aus. Oder wir fühlen uns plötzlich alt, nutzlos, sinn- und zwecklos, verzweifelt, zutiefst betrübt. Was ist passiert? Was verhagelt uns die Petersilie? Welche Katastrophe ist ausgebrochen?

Wir wissen es selbst nicht; das zermürbt uns zusätzlich. All unsere Strategien sind nichts mehr wert, nichts hilft

uns aus der Krise. Die Laune ist auf Grundeis. Und dabei ist nichts passiert, was nicht zuvor auch geschehen wäre, so wie im Fall von *Bettina*:

> - *ihr Chef nervt*
> - *ihr Partner hat wenig Zeit für sie und ihre Anliegen*
> - *ihr Job ist anstrengend und langweilig*
> - *ihre Kinder fordern sie*
> - *ihre Nachbarin lästert*
> - *ihre Freundin ist weggezogen*
> - *ihre Mitarbeiterin zeigt ihr die kalte Schulter*
> - *ihre Kollegin wird befördert, sie selbst nicht*

Alles für sich alleine genommen, meinte sie, sei das kein Grund für „Weltuntergangsstimmung„. Doch sie fühle sich plötzlich so dünnhäutig, sie sei empfindlich wie eine Mimose. Früher habe sie solche Sachen lächelnd übergehen können, beiseite wischen, ignorieren. Jetzt nage es massiv an ihr und schreie nach einer Lösung.

Aus leisem Unbehagen wachsen jetzt markige Stürme. Statt sanften Lüftchen bläst uns jetzt der Wind frontal ins Gesicht und zwingt uns zur Auseinandersetzung mit uns selbst.

Für manche Frau fühlt es sich an, als läge das ganze Leben in Schutt und Asche. Wir fühlen uns zuweilen bis ins Mark erschüttert und drehen jeden Stein x-mal um, weil eh keiner mehr auf dem anderen liegt.

Das Innenleben als Großbaustelle – so könnte man es beschreiben.

Kommt euch das irgendwie bekannt vor? Das klingt nach Pubertät! So ähnlich ist es auch, wenn statt der Pickel und der hormonellen Sturmflut jetzt der Oberlippenbart zu sprießen beginnt. Die Hormone packen nach getaner Vermehrungsarbeit die Koffer und machen sich vom Hofe. Zurück bleibt eine Frau, die sich innerlich neu sortieren muss.

Lasst es uns einmal nüchtern betrachten.

Die Fülle an Hormonen in den Jahren von 15 bis 40 diente in erster Linie dazu, das Überleben der menschlichen Rasse zu sichern – Stichwort: Vermehrung.

Wie schon erwähnt, ist es ab 40 zuerst das Hormon der 2. Zyklushälfte, das Progesteron, das sich in den Schlummermodus begibt. Mutter Natur ist der begreiflichen Auffassung, dass unser Leben ab jetzt nicht mehr vordringlich der Aufzucht von Kindern gewidmet sein sollte, und schont ihre Ressourcen.

Uns „Normalfrauen" setzt die magere Versorgung mit Gelbkörperhormon unter „Hormonentzug". Wir lechzen nach der Droge, die uns bisher ein überwiegend sonniges Gemüt beschert hat. Wir beklagen, dass die Natur uns den Hahn zudreht wie ein Dealer, der uns den Stoff nicht mehr liefert.

Dabei geht es bei der hormonellen Talfahrt zu wie in der Wirtschaft. Nicht jeder Tag ist gleich mies. Phasen relativer Ausgeglichenheit wechseln ab mit Turbulenzen, die an einen Aufenthalt im Mixer erinnern.

Dummerweise kommt in diesen Jahren oft vieles zusammen:

- Die Anforderungen im Beruf werden größer, die junge Konkurrenz drängt nach. Schwächeln wird sofort geahndet, leider.
- Die eigenen Kinder sind in der Pubertät oder machen sich daran, flügge zu werden. Mama wird zwar noch zum Kochen, Waschen und als Gefühlstankstelle gebraucht, ansonsten spielt sich der Lebensmittelpunkt der Youngsters aber unter ihresgleichen ab.
- Die eigenen Eltern und Schwiegereltern beginnen zu schwächeln. Sie werden pflegebedürftig, dement oder eigenartig, fordern Zuwendung oder Verzicht.
- Der Partner oder Ehemann kämpft auch mit dem schleichenden Verlust von Jugendlichkeit und Spannkraft. Er geht unliebsamen Diskussionen um höheren Verbrauch an Alkohol und/oder Zigaretten und/oder Viagra großräumig aus dem Weg und vergräbt sich immer mehr in Werkstatt/Verein/Computer/Zweitfrau ...
- Wir selbst erkennen, dass jetzt zwar noch vieles geht, aber eben nicht mehr alles.
- Wer jetzt noch keine Karriere hat, muss viel mehr Puste aufbringen, um noch einmal durchzustarten.
- Wer jetzt noch keine Kinder hat, geht vermutlich leer aus.
- Auch für eine Modelkarriere ist jetzt vielleicht nicht mehr der allergünstigste Zeitpunkt.

Das kann uns schon auf die gute Laune schlagen. Und Besserung ist nicht in Sicht. Mutter Natur lässt da wenig mit sich verhandeln. Irgendwie müssen wir da durch.

Es geht also darum, so allmählich mal Bilanz zu ziehen, was bisher war und was wir selbst eigentlich wollen in den nächsten Jahren. In den turbulenten Jahren zwischen 20 und 40 kommen wir vor lauter Kindern, Mann, Hund, Haushalt und Job oft nicht dazu, über uns selbst nachzudenken. Immer ist etwas los gewesen, immer war alles wesentlicher als die Frage: *Was will ich denn eigentlich?*

Die Frage holt uns jetzt ein. Und wir sind nicht geübt darin, unser Innenleben behutsam zu pflegen. Darum erwischt es uns besonders kalt.

Wer sich bisher nur über die Mutterrolle definiert hat, gerät womöglich in Panik, wenn die Regelblutung Pause macht oder aufhört. Die Erkenntnis, keine Kinder mehr bekommen zu können, stürzt manche Frau in eine Identitätskrise.

Meine Freundin und Kollegin Carlotta hat es so formuliert: Zu keiner Zeit im Leben einer Frau ist die Unsicherheit über die eigene Identität größer als in den Wechseljahren. Wer bin ich wirklich? Was sind meine Stärken? Wo liegen meine Schwächen? Was will ich überhaupt? Und akzeptiert mein Partner mich so, wie ich jetzt bin? Mit all den Veränderungen an Leib und Seele?

Um dem heulenden Elend entgegen zu wirken, nicht im Blues zu versinken und wieder einen klaren Kopf zu bekommen, gibt es in diesen Jahren doch einiges, was wir tun und unterlassen können, um seelisch wieder ins Lot zu kommen. Was uns helfen kann, ist:

Tagebuch schreiben, jeden Tag Gedanken notieren. Manche können später hilfreich sein, andere können wir getrost vergessen, aber erst mal aufs Papier damit. Das entlastet den Kopf.

Sich selbst immer wieder die Frage stellen: Was wollte ich als junges Mädchen gerne tun?

- ➤ Was waren meine tiefsten Wünsche? Welche davon sind immer noch aktuell?
- ➤ Habe ich das, was aufgeschoben wurde, auch aufgehoben? Könnte da ein Schatz für mich sein, den ich jetzt bergen kann? Oder ist es unwichtig geworden?
- ➤ Wo habe ich verschüttete Talente, die ich jetzt reaktivieren könnte? Es kann Malen sein, Töpfern, Gärtnern, Singen, Tanzen, Basteln, Geschichten oder Gedichte schreiben.
- ➤ Will ich soziales Engagement in der Nachbarschaft?
- ➤ Will ich mich politisch einmischen?
- ➤ Will ich weite Reisen machen, sofern ich familiär ungebunden bin?
- ➤ Wo liegen meine Stärken?
- ➤ Was kann ich alles? (Bitte alles aufschreiben, vom Sehen übers Hören und Zuhören können bis zu solch absurden Dingen wie „Ich kann mir gut Liedertexte merken" oder „Ich kann leckere Kuchen backen"). Alles notieren, was das eigene Selbstbewusstsein aus dem Sumpf herausholen kann.
- ➤ Was habe ich bereits geschafft? Oft genug nehmen wir ja all das für selbstverständlich hin, was wir selbst geleistet haben, und sehen nur das überlebensgroß, was uns misslungen ist oder woran wir gescheitert sind. Wir realisieren nicht die Leistung, die es bedeutet, ein Kleinunternehmen wie einen Haushalt am Laufen gehalten zu haben.

Wir sehen stattdessen nur, dass wir diese oder jene Fremdsprache immer noch nicht können oder diesen oder jenen Job nicht bekommen haben. Also bitte einmal alle Erfolge und positiven Ereignisse notieren – das hebt die Stimmung garantiert.

➢ Was sind jetzt meine Bedürfnisse?
➢ Was sind meine Ressourcen?
➢ Was freut mich, was ist Futter für mein Seelchen?

Wichtig ist aber auch die Auseinandersetzung mit dem, was wir nicht mehr wollen. Wir können die Phase der Tapetenwechseljahre positiv besetzen und beschließen, dass wir ab jetzt und in den folgenden Jahren nur noch das tun oder lassen, was jetzt für uns stimmt. Denn wenn nicht jetzt, wann dann? Nach vielen Jahren, in denen die Pflichten oder die Wünsche unserer Lieben im Vordergrund standen, wäre jetzt die Zeit gekommen, in der wir uns selbst in den Mittelpunkt der Betrachtung stellen. Wir dürfen uns jetzt erlauben, auch unbequeme Gedanken zu denken. Und wir dürfen die neuen Erkenntnisse dann auch umsetzen.

➢ Was liegt mir nicht?
➢ Welche alten Zöpfe will ich endlich abschneiden?
➢ Was ist mir lange schon lästig?
➢ Worin sehe ich keinen Sinn mehr?
➢ Was will ich verändern?

Will ich so wie jetzt weitermachen und schließlich alt werden?

Die Frage „Wie will ich alt werden" hat in meinem Leben eine gewaltige Wende eingeleitet. Mir wurde nämlich nach einer großen Operation deren tieferer Sinn klar. Nach einer schweren Operation fragte ich mich, was ich in meinem Leben eigentlich wirklich wollte und erwartete. Nach endlosen Wochen des Grübelns musste ich mir eingestehen, dass ich in meiner Beziehung/Partnerschaft schon lange nicht mehr glücklich war. Mit dem Mann, mit dem ich mein Leben teilte, wollte ich nicht alt werden.

Es hat dann aber immer noch viele Monate gedauert, bis der Erkenntnis auch Taten folgten. Ich habe mich nach langem inneren Ringen am Ende getrennt. Statt Erleichterung kam zunächst der Katzenjammer. Nur gut, dass ich tief in mir wusste, dass ich das so gewollt und bejaht hatte. Der nächste Frühling kam und mit ihm neue Lebensfreude, neue Pläne, auch ein neuer Mann. Diesmal traf ich einen, der mich genau so wollte, wie ich bin. Was für ein Glück! Und dann ging alles ganz schnell. Neue Projekte, neues Heim, die eigene Firma, wundervolle Menschen, die mein Wissen und Können schätzten. Der Sprung ins kalte Wasser, gegen alle Widrigkeiten, hat sich gelohnt und ich würde es heute, in der Rückschau, immer wieder so machen (nur schneller!).

Mittendrin in der größten Krise ist uns aber nicht so munter zumute. Im Gegenteil! Da erscheinen die endlosen, ewig gleichen Tage grau in grau. Oft verlässt uns der Pepp und erst recht der Humor. Es muss vielen Frauen so gehen, wenn man den Statistiken glauben will. Die besagen, dass sich ganz viele Paare nach mehr als 20 Jahren Ehe trennen. Die Kinder sind groß, das Paar hat sich vielleicht auseinandergelebt. Dann legt sich eine bleierne Müdigkeit auf den Körper und aufs Gemüt. Jeder Handgriff wird mühsam und zäh, alles wird uns zu viel. In solchen Momenten genügt „positives Denken" bei Weitem nicht – es ist so weit von uns entfernt wie der Mars. Wir stehen vor dem Scherbenhaufen unseres Lebens.

Wir fragen uns:

> ➢ War das jetzt schon alles?
> ➢ Haben wir nur für den Partner und für die Kinder gelebt, und war das richtig?
> ➢ Was könnte noch kommen?
> ➢ Haben wir überhaupt noch die Kraft für einen Neuanfang?

Ich weiß, dass das tiefe Tal der Seele uns einiges abverlangt. Vor allem braucht es Geduld mit sich selbst. Vielleicht auch andere Werkzeuge. Manchmal hilft es schon, wenn eine gute Freundin da ist, der man das Herz ausschütten kann. Mancher Frau hilft auch ein Coach oder ein Therapeut, der behutsam Tipps gibt und den Rücken stärkt.

Aber auch jetzt, in der tiefsten Depressions-Phase, müssen wir nicht sofort zu den „Chemiekeulen" greifen. Die Natur hält einige Pflänzchen für uns bereit, um uns wieder aufzuhellen:

1. Johanniskraut, als Tee, als äußerlich einzureiben-
des Öl bei Schmerzen, aber vor allem in Kapsel-
oder Tablettenform. Wir brauchen, wenn unser
inneres Licht nicht mehr so hell leuchtet, mindestens 600 bis 900 Milligramm pro Tag, um aus
der Talsohle wieder herauszukommen. Und das
mindestens über drei bis sechs Monate. Wenn
uns die Krise im Hochsommer erwischt (eher un-
wahrscheinlich – den Blues bekommen wir üblicherweise im Herbst oder im Frühjahr!), ist es ratsam, eher kurz in die Sonne zu gehen. Hypericin,
der Wirkstoff im Johanniskraut, kann nämlich
lichtempfindlich machen. Zu allem Elend wollen wir ja nicht auch noch durch phototoxische
Effekte aussehen wie ein Streuselkuchen.

2. Progesteron-Gel, am besten täglich, ist ein wah-
rer Auftrieb für Körper und Seele. Das, was uns
Mutter Natur so abrupt entzieht und wonach es
uns so sehr verlangt, ist das Hormon der guten
Stimmung, Lebensfreude, des vernünftigen Stoffwechsels und der Schutzfunktion gegen allerlei
Gebrechen. Also her mit dem natürlichen Gelee.
Das Dumme dabei ist, dass viele Frauenärzte dieses Wundermittel entweder nicht kennen oder
nicht so oft einsetzen wie wünschenswert. Fakt
ist: Natürliches Progesteron in Gelform ist eine
hervorragende Waffe gegen den Grauschleier auf
der Seelenbrille. Die Anwendung ist denkbar einfach: Jeden Abend vor dem Schlafengehen beide

Oberschenkelinnenseiten mit jeweils einem haselnussgroßen Stückchen Gel eincremen – fertig. Für Frauen, die keine Blutungen mehr haben, gilt die tägliche Anwendung. Für Frauen, deren Menstruation noch besteht, gilt die Anwendung von Zyklustag 14 bis zur nächsten Regel und dann immer wieder von Tag 14 bis 28.

3. Traubensilberkerze ist eine weitere hilfreiche Pflanze gegen den Blues. Sie wirkt auch leicht hormonfördernd und allgemein antriebssteigernd. Als z.B. „Remifemin®" ist sie im Handel erhältlich, 2 × tgl. 1 sollten wir dann wenigstens einnehmen. Die beiden Wirkstoffe gibt es auch als Kombi – heißt dann „Remifemin plus®" und ist wirklich lange Jahre erprobt.

4. Baldrian oder Passionsblume kann frau sich als Tee zubereiten. Beide Substanzen wirken beruhigend und besänftigend. Manche düsteren Gedanken mildern sich ja schon dadurch, dass wir einmal gut darüber schlafen.

5. Wenn uns das Seelentief nicht schlafen lässt oder viel zu früh aus dem Schlaf reißt, kann abends ein Glas Buttermilch mit Orangensaft oder Mangosaft nützlich sein. Die Buttermilch enthält viel Tryptophan (weitere Tryptophanquellen sind Bananen, Kakao, viele Getreide wie Amaranth oder Quinoa – und eine Kombination aus all diesen wundervollen Helfern findet ihr als z.B. „Take me®"-Pulver im Handel).

6. Egal, wie trübsinnig die Stimmung ist, ein kurzer Spaziergang von 15–25 Minuten in der Natur, am besten um die Mittagszeit, kann schon Wunder wirken. Die Bewegung, das Licht, die Gerüche, und die Bäume, die Ameisen, die ihren Weg machen, die Vögel, die singen – alles kann dazu beitragen, uns einen Blick über uns hinaus zu ermöglichen und zu zeigen, dass das Leben weitergeht. Und wir brauchen das Naturlicht draußen. Es motiviert die *Hirnanhangsdrüse*, genügend Wohlfühlhormon, das Serotonin, zu bilden. Die Zirbeldrüse wandelt abends das restliche Serotonin in Schlafhormon um. So können wir erholsamer schlummern.

7. Wenn uns der Blues in Mitteleuropa ereilt und es dummerweise gerade Spätherbst ist, mit Nebel und ganz wenig Sonne, dann muss Vitamin D her. Mindestens 4000 IE bis 8000 IE (internationale Einheiten) pro Tag brauchen wir. Dieses hormonähnliche Vitamin benötigen wir für unendlich viele Stoffwechselvorgänge im Körper. Es bringt fast buchstäblich Licht in jede Zelle und damit auch in unsere Seele.

8. Licht heißt also das Zauberwort. Wir könnten uns eine UVA-Lichtlampe zulegen und uns jeden Tag für 10 bis 20 Minuten dieser Sonne aussetzen. Der Besuch in einem guten Solarium ist genauso sinnvoll. Dort geben die Lichtröhren eine Mischung von UVA und UVB, was nicht nur die

Wohlfühlhormone im Gehirn stimuliert, sondern auch noch Bräune gibt. Die könnten wir uns auch im Schatten erwerben, wenn wir die Haut ganz langsam und allmählich – allerdings ohne Sonnencreme – dem Licht aussetzen. Denn nur ohne Sonnenschutz kann die Haut Vitamin D bilden – unter einer Schicht Sonnencreme kann sie das nicht mehr. Viele Menschen wissen das leider nicht. Wer die Geduld des langsamen Anbräunens nicht aufbringt, der sollte zu Sonnenschutz greifen, um Verbrennungen der Haut zu vermeiden. Vielleicht gibt es Sonnenstudios gerade für die Ungeduldigen.

9. Wenn alle diese Maßnahmen gar nichts an Stimmungszuwachs bringen, wenn weder Glücksnahrung noch Bewegung für innere Glücksgefühle sorgen kann, wenn kein Tee mehr hilft und auch kein Kraut gewachsen scheint gegen unsere Trübsal – dann, aber erst dann sollten wir uns nach chemischer Hilfe umsehen. Seroxat®, Fluctin® oder Insidon® heißen die Pillen, die oft zum Einsatz kommen.

Es ist keine Schande, wenn die Seele mal ausnahmsweise einen „Gips" benötigt, um zu heilen. Wir würden jedem, der sich ein Bein gebrochen hat, doch auch empfehlen, das Bein ruhigzustellen. Es braucht Schonung und einen möglichst robusten Gipsverband, damit innerlich der Knochen heilen und wieder zusammenwachsen kann.

Ganz ähnlich ergeht es auch unserer Seele. Dummerweise ist dessen Bruch außen nicht so sichtbar. Aber es kann einen „Gips" benötigen, um die Turbulenzen gut zu überstehen, die die Jahre zwischen 40 und 60 für uns bereithalten. Nicht immer können wir alles alleine managen, was das Leben uns an Brocken hinwirft. Wir dürfen dann Hilfe annehmen – auch die ganz tapferen unter uns und auch die, die sonst nie um Hilfe bitten. Ich habe in meinem Leben zwei schreckliche Phasen von Depression gehabt, ich weiß, wovon ich rede. Und ich kann euch auch sagen – die kleinen Pillen können vorübergehend ein Segen sein. Genauso klar ist aber auch, dass sie uns die seelische Innenarbeit und das Entmüllen, das Aufräumen und Ausmisten nicht abnehmen. Wer also glaubt, es sei damit getan, ab sofort nur noch solche Pillen einzuwerfen und schon ist die Seelenlage auf Dauer sonnig, der irrt! Antidepressiva sind Krücken, sonst nix. Das macht sie nicht wertlos. Aber sie lösen das Problem nicht.

Wenn unsere Stimmung also mal wieder auf Grundeis geht, ist die Frage erlaubt und angebracht:

- ➢ Was ist zuvor in unserem Leben passiert?
- ➢ Was hat uns erschüttert oder den Boden unter den Füßen weggezogen?
- ➢ Was steht jetzt an Veränderung an?
- ➢ Wo gilt es Kurskorrekturen vorzunehmen?
- ➢ Es können Kleinigkeiten sein, wie z.B. den Nachwuchs verstärkt zur Mithilfe im Haushalt

heranzuziehen. Nirgends steht geschrieben, dass „Hotel Mama" Vollverpflegung ohne Eigeninitiative beinhaltet. Je nach Lebensalter dürfen die lieben Kleinen durchaus selbst tätig werden. Sie könnten ihr Kinderzimmer selbst staubsaugen. Sie können ihre Schuhe eigenständig putzen. Sie dürfen selbstverständlich den Tisch decken, beim Kochen oder Waschen helfen. Selbst Farbenblinde können weiß von bunt unterscheiden! Warum sollte Mama die schweren Sprudelkisten schleppen, während die Junioren ihre Muckis im Sportstudio stählen? Da dürfen die halbhohen Kerle ran! Jungs dürfen durchaus ohne bleibende seelische Schäden in die Geheimnisse von Backofen, Bügeleisen und Wischeimer eingeweiht werden. Eure zukünftigen Schwiegertöchter oder Lebensabschnittspartnerinnen der Söhne werden es euch danken!

Und ihr selbst habt dann Zeit für das, was ihr lieber macht als Wäsche bügeln, zusammenlegen, auf Stoß sortieren, Waschbecken schrubben oder Staubmäuse unter Betten hervorfischen – von Pizzaresten, halbvollen Colaflaschen, angerotzten Taschentüchern und anderem ganz zu schweigen.

Es können aber auch größere Kurskorrekturen sein. Vielleicht entschließen wir uns, beruflich noch einmal durchzustarten und endlich das zu tun, was zuvor Jahre im Dornröschenschlaf vor sich hin schlummerte. Ab 40 kommen die meisten von uns früher oder später zur (zuweilen recht schmerzlichen) Erkenntnis, dass sie jetzt lange genug für andere gewirkt haben.

Jetzt sind wir endlich selbst dran! – könnte der Marschbefehl für die vor uns liegenden Jahre lauten. Bevor wir uns aber in Bewegung setzen können und das für uns tun, was uns wirklich etwas bedeutet, sollten wir zunächst Klarheit gewinnen darüber, was wir eigentlich wollen, denn solange ich nicht weiß, wo ich hin will, kann ich noch so viel Tempo entwickeln – ich werde nirgends ankommen!

Also setzt euch gemütlich mit einer Flasche Prosecco an einen Tisch. Es darf auch ein guter Rotwein oder zur Not Kamillentee sein, und erstellt eine „To-Do-Liste".

- ➢ Was will ich/mein Herz?
- ➢ Wohin will ich mich entwickeln?
- ➢ Wie stelle ich mir mein Leben in 20 Jahren vor?
- ➢ Was will ich noch lernen?
- ➢ Was will ich unbedingt noch erleben?
- ➢ Wobei geht mir das Herz auf?
- ➢ Wobei vergesse ich ganz von alleine die Zeit und die Welt?
- ➢ Was kann ich genießen?
- ➢ Wovon benötige ich mehr, wovon weniger?
- ➢ Was freut mich?
- ➢ Was befriedigt mich?
- ➢ Was macht mich innerlich satt und zufrieden?
- ➢ Was macht mir Spaß?

Es muss nicht so eine Liste sein wie in dem schönen Film mit Jack Nicholson, der als schwer kranker Patient aus dem Krankenhaus ausbricht. Er möchte bestimmte Dinge noch tun und erleben, bevor er in die Grube hüpft. Aber es geht um eine ehrliche Analyse und Standortbestimmung.

Es geht darum, festzulegen, wofür wir unsere Kraft und Energie in den verbleibenden Jahren einsetzen möchten. In den ersten 40 Jahren des Lebens haben wir Frauen zu oft den Eindruck, wir müssten uns beweisen, unsere Fähigkeiten auspacken, uns immer anstrengen und damit unseren Selbstwert erst mühsam erarbeiten.

Die frohe Nachricht lautet: Wir haben bewiesen, dass wir unser Leben im Griff haben. Wir müssen nichts mehr beweisen!

Jetzt ist gesunder Egoismus und Selbstfürsorge angesagt.

Für den Rest unseres Lebens spielen wir im eigenen Film die Hauptrolle!

Also lasst eure Seele sprechen, welche Mitakteure sie sich wünscht. Wie sollen die Kulissen aussehen? Welche Accessoires braucht es? Welche Handlung ist geplant? Wo sollen die Spannungsbögen sein und welche Form des Happy End soll ins Skript?

Und seid immer auf Überraschungen gefasst! Entwickelt eine spontane Gelassenheit für unvorhergesehene Ereignisse. Habt am besten immer einen Plan B in der Hinterhand. Das erhöht die Flexibilität.

Macht euch klar, dass unsere Wünsche und Planungen immer etwas Provisorisches an sich haben. Unser Leben hier ist nun einmal endlich. Wann genau es endet, wissen wir glücklicherweise nicht.

Wie heißt es so schön: Der Mensch denkt, und Gott lenkt. Mir gefällt die Abwandlung noch besser: Der Mensch dachte, und Gott lachte!

Ich brauch Tapetenwechsel, sprach die Birke ...

Frauen stehen ein Leben lang im Vergleich. Von Kindesbeinen an wollen wir wirken und ab der Pubertät unsere Reize einsetzen. Ab 40 kommt dann irgendwann einmal der Moment, in dem uns aufgeht: Andere Frauen (vor allem jüngere) haben auch einen schönen Busen, tolle Haare, volle Lippen, eine schlanke Taille, ein nettes

Lächeln. Vielleicht haben sie sogar längere Beine, den knackigeren Po und teurere Klamotten.

Und wie oft zücken wir innerlich ein Kärtchen, auf dem für uns steht: „Abzug in der B-Note!"

Wir richten den Blick viel häufiger nach außen als nach innen. Kein Wunder, die Werbung flötet uns ja auch ständig ins Ohr: „Du musst dies und jenes tun ..., das ist gerade angesagt ... wer so und nur so daher kommt, ist absolut in ..."

Mit jedem Lebensjahr wird unsere Mängelliste länger:

>   das erste graue Haar (Tönen, Ausreißen, Belassen?)
>   die ersten Fältchen (Cremen, Gymnastik machen, Lachen abgewöhnen, Hyaluronsäure, Faltenfiller, Botox?)
>   das ungeplante Anwachsen des „mittleren Rings" (nein, nicht der in München, der in der Leibesmitte). Crash-Diät, Fastenkur, Personal Trainer, Wrapping oder doch absaugen?
>   Völlig ungefragt machen sich auf der Oberlippe und am Kinn Haare breit, die wir früher nicht kannten. Die wachsen nicht nur, sondern sind auch borstig. Ausreißen, abschneiden, veröden, rasieren, entfärben, lasern lassen?
>   Wenn wir in jungen Jahren beim Bleistifttest unter dem Busen versagt haben, ist es heute zuweilen schon der Backsteintest. Ringsum Kränkung über Kränkung für unser eitles Ego.

HILFE! Das kann doch nicht wahr sein! Wie reparieren wir das brüchige Selbstwertgefühl?

Im Roman geht es ja noch lange gut: Dorian Gray schließt einen Pakt mit dem Teufel. Was auch immer er tut und treibt, das seinem Äußeren schaden könnte, es wird nicht sichtbar. Er bleibt wunderschön, verführerisch und frisch. Einzig sein Porträtbild auf dem Speicher zeigt unerbittlich alle Zeichen des Verfalls. Kein Problem, solange keiner dieses Bildnis sieht. Die Geschichte geht, wie viele dieser Stories, natürlich tragisch aus ...

In uns Frauen rumort ein anhaltendes Unbehagen. Irgendetwas muss es doch geben, um unsere äußere Hülle schön, attraktiv und sexy zu erhalten? Es muss doch etwas geben, um uns einen neuen Anstrich zu verpassen?

Frauen versuchen fast alles, um der Natur einige Jährchen abzutrotzen und ihren „Marktwert" zumindest vorläufig zu verbessern.

Dafür gibt es wie meist mehrere Wege. Die harmloseren könnten wir beschreiten. Das erzähle ich den Frauen in meiner Praxis auch, immer nach der Devise: Tu Dir selbst nur das an, was Du auch problemlos vertreten kannst. Und halte Dich fern von den potentiell gefährlichen Experimenten mit dem eigenen Körper.

Grau in Grau – lieber nicht!

Relativ harmlos und trotzdem von gutem Effekt ist es, die grauen Haare zu tönen oder zu färben. Ich stelle immer wieder fest, dass die meisten Frauen mit langen grauen Haaren nicht gut aussehen. Ausnahmen wie meine Freundin Annette bestätigen die Regel. Sie sieht mit ihren lockigen Wuschelhaaren sensationell aus und es passt zu ihr.

Wer kurze Haare trägt, hat mit den Grauen oft weniger Mühe. Die Natursträhnen sehen meist sehr chic aus und kosten nix. Das ist ein angenehmer Zusatznutzen.

Trotzdem ist Vorsicht geboten: Manche der Färbemittel können bei empfindlicher Kopfhaut allergische Erscheinungen auslösen. Wie ihr ja schon wisst, wird die Haut mit den Jahren einfach empfindlicher.

Cremen und salben hilft allenthalben

Das Gesicht ist unser Aushängeschild. Darum gilt ihm auch besondere Aufmerksamkeit und Pflege. Ein Kosmetiker (ja, auch das gibt es – rare Exemplare!) hat mir vertraulich gestanden, dass die wichtigste Basis für schöne Haut schlicht und ergreifend Wasser und Seife ist. Die Haut morgens und abends gründlich, aber sanft, mit Olivenseife zu reinigen, ist die Grundlage für alles andere. Danach zunächst Feuchtigkeit in die oberen Hautschichten bringen. Dazu taugt Aloe Vera Gel (mein Favorit seit vielen Jahren), aber auch eine möglichst natürliche Feuchtigkeitscreme. Zweite Schicht für den Tag darf, je nach Jahreszeit, fetthaltiger sein, nährend für die Haut. Und zuoberst kommt noch einmal Feuchtigkeit, bei mir Rosenwasser oder Neroliblütenwasser.

Ein- bis zweimal in der Woche können wir uns eine nährende Gesichtsmaske gönnen. Es gibt reichlich gute Produkte auf dem Markt, die auch bezahlbar sind.

Und ein gutes Parfüm darf nicht fehlen, am besten jeden Tag. Warum es aufsparen, bis es alt ist? Heute ist unser Tag und heute erlauben wir es uns, schön zu sein und uns etwas zu gönnen. Jetzt wird nichts mehr auf später verschoben. „Instant Genuss" ist angesagt – denn wir selbst sind jetzt das Wichtigste.

Mit den Wimpern klimpern ...

Liebe Schwestern, habt ihr es auch festgestellt? Die Wimpern, die früher überlang waren und unglaublich dicht, werden spärlicher, kürzer und dünner. Kein Grund, zu verzagen. Ein gutes Mascara hilft uns da weiter. Wichtig ist nur, es abends immer abzuschminken. Selbst dann, wenn der Abend lang war und wir eigentlich schon ganz müde sind, ist Abschminken Pflicht. Denkt an den nächsten Morgen!

Fast noch wichtiger ist es, die Augenbrauen in Form zu bringen. Die Haare dort tendieren nämlich mit den Jahren dazu, ihr Terrain auszudehnen. Sie wuchern quasi als Ersatz für die kleinere Menge an Wimpern. Sie werden tendenziell borstiger und verbrüdern sich gerne einmal mit den Brauen des anderen Auges. Diesem Urwald sollte Einhalt geboten werden. Sonst wirkt ihr grimmiger, als ihr seid. Und ein schön gepflegter Brauenbogen ist ein Hingucker, vor allem dann, wenn ihr eure Augen strahlen lasst.

Wenn euch die tägliche Pflege zu aufwendig oder lästig ist, könnt ihr Dauermake-up erwägen. Oder ihr lasst euch Wimpern und Brauen färben. Dabei muss uns aber klar sein, dass Änderungen danach nicht mehr möglich sind. Sollte sich also unser Geschmack ändern, erfordert dies langwierige Reparaturen.

Küss mich, Kater ...

Ich gebe es zu. Ein „Schmollmund" ist sehr sexy und lädt ein, ihn zu knutschen. Unsere Lippen signalisieren Erotik. Nicht umsonst tragen wir mit Vorliebe roten Lippenstift auf – gerne mit Gloss für den Feuchteffekt. Den Herren der Schöpfung wird so suggeriert, sie hätten es mit einem sexuell bereits gut erwärmten Weibchen zu tun, das empfänglich ist für die männlichen Reize.

Nichts gegen das Flirten – feine Sache! Und Küssen ist sogar noch extrem gesund. Beim Küssen produzieren wir Wohlfühlhormone, vor allem Serotonin (gut gegen Depressionen) und Oxytocin (verschafft uns das Gefühl wohliger Verbundenheit). Durch den Austausch von massenhaft vielen Bakterien wird unser Immunsystem stets auf Trab gehalten. Wenn unser Partner uns küsst, interessiert er sich bestimmt nicht dafür, wie diese Lippen jetzt im Vergrößerungsspiegel aussehen – Hauptsache, wir selbst sind mit Mund, Herz und Seele dabei. Unsere Lippen sind hoch empfindliche Antennen mit extremer Sensibilität.

Wenn wir diese mit Botox umspritzen lassen, damit die kleinen Fältchen zum Verschwinden gebracht werden, riskieren wir den Verlust dieser Empfindsamkeit. Sieht dann zwar netter aus (oder auch nicht!), fühlt sich aber blöd an ...

Dann doch lieber regelmäßige Gymnastikübungen für die Gesichtsmuskeln (Zunge herausstrecken wie ein Löwe, kräftiges Gähnen und derlei) und mehrmals täglich einen passenden Lippenstift auftragen. In extremen Fällen könnt ihr euch mit Hyaluronsäure behelfen. Das füllt die Falten auf, ohne die gefährlichen Nebenwirkungen von Botox. Einer meiner Freunde hat mir gestanden, dass sich solche „Schwimmreifenlippen" beim Küssen nicht so weich und köstlich anfühlen wie die echten. Darum, Finger weg von den Spritzen – die könnten schnell zum Bumerang werden.

Faltenlos forever?

Womit wir gleich mühelos zur Rubrik „nicht mehr ganz so harmlos" kommen. Versteht mich richtig. Ich bin keine Spaßbremse und finde eine glatte, faltenlose Stirn auch prima: Bei einer Zwanzigjährigen!

Wenn wir unsere Stirn in Falten legen können, heißt das doch auch (was gerne mal übersehen wird), dass wir des Denkens mächtig sind. So können wir zum Ausdruck bringen, dass uns gelegentlich etwas erzürnt (Anlass und Gründe dazu gibt es auf der Welt zur Genüge).

Wir könnten also locker beschließen, unsere Stirnfalten mit einem positiven Image zu versehen. Sie könnten Ausdruck gelebten Lebens, ein Zeichen von Verstand oder von Mitgefühl sein. Mich befremdet es immer, wenn ich Frauen jenseits der 60 sehe, deren Stirn so glatt ist wie ein Kinderpopo. Dann denke ich mir: Habt ihr nichts erlebt? Oder könnt ihr nicht denken? Oder lebt ihr in einem Elfenbeinturm, weit weg vom wahren Leben mit all seinen Höhen und Tiefen?

Ich meine das durchaus nicht böse, es könnte aber etwas Wahres dran sein. Denn das Botulinumtoxin, das modern und stylish gerne auch nur „Botox" genannt wird, kommt in solchen Fällen zum Einsatz. Es ist ein extrem starkes Nervengift und sorgt über eine Nervenlähmung dafür, dass der nachgeschaltete Muskel nicht mehr angespannt werden kann. Damit verschwinden die steilen Stirnfalten, die Fältchen rings ums Auge, die Falten um den Mund und wo sonst man sich „Entfaltung" wünscht.

Zunächst wurde das „Wurst-Gift", wie es im Englischen heißt, nur medizinisch eingesetzt. Es diente der Behandlung von Schielaugen, schmerzhaftem Schiefhals oder extremer Migräne durch Muskelverkrampfungen.

Es lähmt bei kosmetischer Anwendung die Mimik, die Gefühle ausdrücken kann. Das kann das bereits erwähnte Stirnrunzeln sein, aber auch der weinerlich verzogene Mund. Oder denkt an die skeptisch nach oben gezogene Augenbraue – deren Signalwirkung versteht jeder. Berühmte Pantomimen wie Samy Molcho bedienen sich der Mimik, um in uns Gefühle auszulösen, ganz ohne Worte. Der Hammer ist, dass Botox durch die Lähmung der mimischen Muskeln auch die Gehirnregion, die für die Verarbeitung von Gefühlen verantwortlich ist, lähmt. Die linke Amygdala, auch Mandelkern genannt, speichert unsere Gefühle ab. Wenn wir also glatt dank Botox durchs Leben marschieren, werden wir auch automatisch gefühllos für die Emotionen anderer Menschen. Durch die Lähmung der Mimik erlahmt quasi das Mitgefühl mit anderen (Quelle: ZeitenSchrift, ZeitenSchrift Verlag GmbH, www.zeitenschrift.com). Diesen zarten Hinweis vermisse ich in all den Hochglanzbroschüren, die nur die Vorteile des Botox preisen. Ausfälle in derart wichtigen Hirnfunktionen sind wohl ein zu hoher Preis für eine glatte, makellose Fassade.

Zudem ist noch nicht erwiesen, wie sich die langfristige Anwendung dieses Giftes auswirkt. Es wurde offiziell erst 2002 für den Einsatz in der kosmetischen Branche zugelassen. Das ist noch viel zu kurz, um Langzeitschäden auf unsere Denkfähigkeit erfassen zu können.

Ein weiteres Argument gegen Botox ist, dass die Persönlichkeit mit den Falten verschwindet. Bitte schaut euch um – die faltenfreien Frauen jenseits der 60 sehen alle gleich aus – wie Klone: Hast du eine gesehen, hast du alle gesehen! Was auch immer im Leben dieser Frauen geschehen ist, es wird ausradiert. Dieses künstliche „Re-Setting" wirkt auf mich sehr befremdlich, denn ich finde ein gelebtes Leben, das Spuren hinterlässt, weit spannender.

Von daher werde ich persönlich die Finger vom Botox lassen und täglich ein kurzes, freundliches Gespräch mit meinen Morgenfalten führen. Vielleicht so etwas in der Richtung wie: „Wer morgens zerknittert aufwacht, hat tagsüber viele Entfaltungsmöglichkeiten". Setzt euren Humor ein und lasst Falten Lachfalten sein.

Unsere Energie folgt immer unserer Aufmerksamkeit. Dazu erzähle ich euch später noch viel mehr. Wenn wir uns also nur mit unserem Äußeren befassen, verpassen wir vielleicht einige großartige Chancen, die uns das Leben jetzt gerade beschert.

Ein Mops kam in die Küche ... und kommt selten allein

Was ist eine Frau? Genau, das Wesen, das nicht so flach geplättet ist wie der Mann. Über den Rippen haben wir Brüste, Busen, Möpse, Paradiesäpfel oder wie immer sonst wir sie nennen wollen.

Von Mutter Natur sind diese dazu gedacht, dass wir unsere Babies nähren können. Muttermilch ist stets steril, in der richtigen Menge und der optimalen Betriebstemperatur vorhanden – Milk-To-Go sozusagen. Kein lästiges Auswaschen der Fläschchen, kein Sauger, der dem Baby vielleicht nicht passt, keine mühsame Auswahl zwischen Erstmilch oder Folgemilch diverser Hersteller. Nein, Selbstversorgung, biologisch, dynamisch und von bester Qualität für den Zwerg.

Damit aber nicht genug. Die Brüste sind mit vielen Nerven bestückt, so dass das Stillen auch ein sinnliches Vergnügen sein kann (wenn der Zwerg nicht gerade mit seinen ersten Zähnchen kraftvolles Zubeißen übt). Die mütterlichen Milchwerke sind aber auch ein Sexsymbol. Der Magnet fürs Männerauge, wenn wir sie in einem drallen Dirndl optisch ansprechend zur Schau stellen. Ob Jayne Mansfield, Marilyn Monroe, Brigitte Bardot, Gina Lollobrigida, Sophia Loren, Angelina Jolie oder Dolly Parton – diese Frauen sind nicht wegen ihrer geistreichen Konversation oder ihrer herausragenden schauspielerischen Leistungen berühmt geworden, sondern wegen ihrer entzückenden Oberweite.

Viele Frauen lechzen nach diesem „WOW-Effekt", als Kraftfutter für das Selbstwertgefühl. Der knackige Mops quasi als Maß aller Dinge. Sobald der Busen nicht mehr steht wie eine Eins, mäkeln wir an uns herum. Dann wird mit Busensalbe gecremt, gezupft, Brustmuskulatur aufgebaut, mit Push-Up-BHs nachgeholfen. Aber spätestens im Bett beim Sex kommt die Stunde der Wahrheit. Wird der

Liebste oder die Liebste mich noch begehrenswert finden, wenn die Schwerkraft den Sieg erringt beim Bleistifttest? Kann ich noch mithalten beim Wettbewerb auf dem Markt?

Dann erwägt vielleicht doch die eine oder andere von uns den Einsatz von Silikon-Implantaten. Ein Implantat kann jedoch nicht dafür sorgen, dass eine Frau danach ringsum zufrieden mit sich und ihrem Körper ist. Wenn wir Frauen bei dem Wahnsinn des Perfektionsstrebens in Äußerlichkeiten mitmachen, verlieren wir den überkritischen Blick auf uns nicht. Viel zielführender wäre es, die eigenen Brüste, ob groß oder klein, liebevoll zu betrachten, zu streicheln und sie so mit positiver Energie zu versorgen. Wann immer in der Praxis mich eine Frau fragt, ob sie sich vielleicht doch ein solches Implantat einsetzen lassen soll, kann ich nur abraten. Warum?

➢ Silikon kann platzen – und dann ist es giftig im Körper und kann sogar Brustkrebs auslösen.

➢ Es fühlt sich unecht und künstlich an. In manchen Fällen kommt es zur *Sklerose*, dann wird die Brust steinhart. Auf dem Bauch schlafen geht dann nicht mehr.

➢ Es erschwert die Tastuntersuchung der Brust zur eigenen Vorsorge.

➢ Es kann allergische Erscheinungen auslösen. Dann muss das Implantat entfernt werden. Das gibt mehr Narben und eine weitere Narkose.

➢ Wenn es sich entzündet, tut das sehr weh. Bis zu 40% aller Frauen benötigen eine Nachoperation.

➢ Es ist ein Fremdkörper, den der Körper abstoßen kann, ein potentieller Krankheitsherd.

➢ Jede Narbe kann ein Störfeld für den Körper werden.

➢ Die Implantate gelten in Fachkreisen als Medizin-produkte der höchsten Risikoklasse! Warum sollten wir uns ohne Not einem so hohen Risiko aussetzen?

Ausnahmen bestätigen die Regel

Zum Stichwort *Not* möchte ich auf die Gruppe von Frauen eingehen, die vermutlich von einem Implantat profitieren. Es sind Frauen wie *Gerda, die durch Brustkrebs im Alter von 37 Jahren eine Brust verloren hat. Bei ihr haben wir gemeinsam beschlossen, mit Eigengewebe aus dem Gesäß oder dem Rückenmuskel die Brust wieder aufzubauen. Auch kochsalzgefüllte wären hier möglich gewesen und risikoärmer dazu. Gerda hat sich bei ihrem „biologischen Brustaufbau" auf das Können des Operateurs verlassen und hat jetzt eine schöne „neue" Brust aus ihrem eigenen Rückenmuskel, aufgepolstert mit eigenem Bindegewebe und Fettgewebe.*

Und dann gibt es noch die Gruppe von Frauen, denen Mutter Natur extrem große Brüste geschenkt hat, so wie *Evi. Ihre Brust war dermaßen üppig, dass sie öfter in der Praxis über Rückenprobleme klagte. Ihre Schultermuskeln waren ständig verspannt und ihre nach vorne gebückte Haltung führte zu Folgeschäden. Solchen Frauen wie Evi kann ich guten Gewissens das Gegenstück zur Brustaufbau-Operation empfehlen: Die Brustverkleinerung.*

Dabei wird ein Teil des Brustgewebes operativ entfernt, damit die verbleibende Brust wieder in einen normalen BH passt. Die Schultern müssen dann nicht mehr so viel Last tragen. Die Trägerin kann sich wieder komplett aufrichten. Sinnvoll ist ein solcher Eingriff immer dann, wenn die Familienplanung bereits abgeschlossen ist und Beschwerden im Bewegungsapparat vorhanden sind. In solchen Fällen bezahlt die Krankenkasse auch die Kosten der Operation. *Evi hat inzwischen Körbchengröße C und freut sich, dass ihr Rücken das Brustgewicht wieder schmerzlos tragen kann.*

Reisegepäck Nr. 3 – Der Partner und der Sex

Gleich vorab ein Wort der Erklärung. Ich möchte keinen verbalen Eiertanz machen müssen, um auch die lesbischen Paare gebührend würdigen zu können. In diesem Kapitel verwende ich das Wort „Partner" in der männlichen Version. Ich bin mir bewusst, dass es auch anders sein kann und darf. Ihr dürft euch alle Tipps und Tricks daher gerne auch in der weiblichen Version vorstellen.

Ich bin mir auch bewusst, dass es viele alleine lebende Frauen gibt. Es kann sein, dass euch der Partner durch Tod verloren gegangen ist. Es ist auch möglich, dass eine Trennung oder Scheidung zum **Singledasein** geführt hat. Für euch könnte dieses Kapitel auch von Interesse sein. Denn auch für euch gelten die hormonellen Spielregeln. Bei all dem, was ich über den Sex schreibe, könnt ihr euch ebenfalls Anregungen holen. Denn was ist die Onanie?

Woody Allen sagte dazu: „Die Liebe an und für sich!" Das ist doch genial, oder? Also liebt euch weiterhin – und genießt euch selbst. Nehmt euch und eure erotischen Wünsche und Bedürfnisse wichtig. Wir Frauen mutieren nicht zum Neutrum, nur weil wir alleine leben. Notfalls schenkt euch einen Callboy zu Weihnachten, zu Ostern und zum Geburtstag.

Wenn ihr in eurem Leben genügend körperliche Liebe genossen habt und jetzt Ruhe wollt, auch okay! Bei einigen Frauen ist die Erinnerung an den verstorbenen geliebten Mann so groß, dass sie keinen anderen mehr in ihr Bett lassen wollen. Auch das ist völlig in Ordnung. Die

Regeln bestimmen wir selbst!

Als mein Kollege Christian erfuhr, dass ich ein Buch über die Wechseljahre schreiben will, war er sofort Feuer und Flamme. Er regte an, ich möge mich doch dazu äußern, was die Wechseljahre überhaupt seien, wann sie kämen und wie der Partner seiner Partnerin dabei helfen könne. Dieser Bitte komme ich gerne nach.

Am besten können Partner ihren Frauen helfen, wenn sie Humor haben und ihre Frauen zum Lachen bringen können. Zudem hilft es, wenn die Frauen ein offenes Ohr finden für ihre nagenden Befürchtungen, ihre Unsicherheit im Neuland des Tapetenwechsels. Viele Frauen, die ich kenne, blühen auf, wenn der Partner liebevoll mit ihnen spricht, sie lobt, in den Arm nimmt und sie spüren lässt, dass er sie wertschätzt und sie attraktiv findet.

Die Wechseljahre sind ein völlig normaler Bestandteil des Lebens – sowohl bei Frauen als auch bei Männern. Bei Frauen gilt der Zeitpunkt der letzten Regelblutung als Beginn des „Klimakteriums". Das Ausbleiben der Regelblutung hat damit zu tun, dass die Eierstöcke nicht mehr ausreichend Östrogen für die Eireifung zur Verfügung stellen. Darum können Frauen ihren „Tapetenwechsel" auch klarer feststellen als Männer.

Ausbleibende Blutungen kommen aber nicht immer auf einen Schlag. *Bei Barbara, meiner Patientin, war es so, dass über einen Zeitraum von fast fünf Jahren die Blutung einmal kam, dann wieder Monate verschwand, um dann wieder zu kommen. Barbara hatte einen sehr stressigen Beruf und konnte sich oft die nötigen Erholungspausen nicht gönnen. Mit der „Blutungspause" machte der Körper sie wieder darauf aufmerksam, dass sie keine Maschine war. Erst mit 55 Jahren hörte die Regelblutung dann endgültig bei ihr auf, als sie erkannte, dass ihr berufliches Dauerengagement ihr nicht gut tat und sie ihre Wochenarbeitszeit auf 60 % verkürzte. Ihr Klimakterium verlief dann auch sehr sanft und komplikationslos. Es lohnt sich also, auf den Körper zu hören!*

Meine Freundin *Brigitte*, selbst mittendrin im Tapetenwechsel, merkte an, dass das Thema „Sex in den Wechseljahren" das große Fragezeichen bei all ihren Freundinnen gewesen sei.

Also wenden wir uns dem Thema zu. Was wird anders mit dem Sex, mit der Lust, mit der Erotik?

Der Mensch ist grundsätzlich immer ein sexuelles Wesen. In der Baby-Zeit ist es zunächst die Brust der Mutter, die uns füttert und uns Wohlgefühle beschert. Das körperliche Füttern und das seelische Umsorgtwerden bilden eine glückhafte Allianz, die sich tief in unser Unterbewusstsein eingräbt. Denkt doch nur einmal an trübe Momente im eigenen Leben. Wer von euch kam da nicht auf die Idee, sich eine schöne Tasse heiße Schokolade zu machen oder ein feines Brot mit Marmelade? Süß verbinden wir mit „alles ist gut und in Ordnung", mit der buchstäblichen *Süße des Lebens*.

Später dann ist es der eigene Körper, der als Lustquelle entdeckt wird. Mit großer Wonne werden „Doktorspiele„ gespielt, die eigene und fremde Haut gestreichelt. Manchmal geschieht das spielerisch, manchmal beim

Raufen. Hautkontakt und Berührung ist uns allen ein angeborenes Bedürfnis. Es ist wichtig für unser Überleben und für unser Wohlbefinden.

Kurz vor der Pubertät haben die meisten Mädchen eine kurze Phase von „Ich und meine beste Freundin gegen den Rest der Welt". Jungs sind uninteressant, die unkomplizierte Weiblichkeit wird genossen und gelebt.

Mit der Pubertät ändert sich dann auf einen Schlag alles. Die Mädels werden zickig, sie glauben plötzlich das, was in den Frauenzeitschriften steht. Sie fangen an, sich dumm zu stellen. Sie interessieren sich nur noch für die neueste Mode, für Schminke und Klamotten. Sie konkurrieren um die „Männchen", spannen der Freundin den Freund aus. Sie flirten, verführen, bezirzen, intrigieren – wir alle kennen die damit verbundenen Dramen.

Dann kommt meist eine Phase von Versuch und Irrtum, die bei einigen auch länger dauern kann. Vielleicht haben wir einige wilde Affären. Vielleicht finden wir aber auch schnell den Partner fürs Leben oder den Lebensabschnitt. Wir genießen die Zärtlichkeit und hoffentlich den Sex. Wir experimentieren vielleicht mit Handschellen, Tüchern, dem Sex zu dritt, Partnertausch in Swingerclubs und was der Fantasien mehr sind. Alles okay, sofern man niemandem damit schadet. Beide Partner dürfen freiwillig genau das tun oder lassen, was ihnen gefällt, wenn beide damit zufrieden sind.

Früher oder später drängen die Gene zur Vermehrung. Oder aber der Beruf erhält die meiste Energie. In Einzelfällen passiert auch beides und das Risiko von

Überforderung mit Burn-Out-Gefahr steigt. Vielleicht habt ihr euch auch, wie ich, als „achtarmige Göttin" mit stets schlechtem Gewissen durch die Jahre der Kinderaufzucht mit Beruf geschlagen. Kurz nach 40 spüren wir dann meist, dass sich langsam, aber stetig etwas verändert.

Wo zuvor die Lust fast allgegenwärtig war, ist jetzt zuweilen – nichts!

Statt einer heißen Nacht drängt es frau zu einem guten Buch oder frühem Schlummer, um den nächsten Tag schadlos zu überstehen.

Ist der Partner deutlich älter oder gleich alt, mag es sein, dass der schleichende „Lustverlust" beide gleichermaßen befällt. Dann bleibt das Zusammenleben weiterhin harmonisch. Die beiden haben dann zwar weniger

Sex, dafür mehr emotionale Sicherheit. Die Rechnung könnte aufgehen. Meist gibt es aber Reibereien, weil einer der Partner noch großen erotischen Appetit hat, während der andere bereits satt abwinkt.

Er will immer – sie fast nie – könnte dann das Motto lauten. Aber auch das Gegenstück ist belegt. Sie würde gerne wollen, er aber will nicht (oder kann nicht mehr). Das ist tragisch und ruft nach einer Lösung!

Die medizinischen Fakten sind ...

Ab 40, das wisst ihr ja schon, dreht Mutter Natur die Hormonproduktion auf Sparflamme. Durch die geringere Menge an Gelbkörperhormon (Progesteron) und später Östrogen verschiebt sich der weibliche Hormonmix hin zu mehr Testosteron, dem männlichen Geschlechtshormon. Wir werden also tendenziell männlicher. Das heißt, dass wir uns besser durchsetzen können, belastbarer sind und in den Diskussionen härter werden. Nicht mehr immer nachgeben wollen, führt dazu, dass uns die negativen Eigenschaften einer Xanthippe angedichtet werden. Mannweib schimpft man uns. Und wie zum Hohn sprießen uns die Haare am Kinn, aus den Ohren oder an den Wangen. Den Hormonen sei Dank.

Der relative Mangel an Progesteron führt zu trockener Scheidenschleimhaut, zu eher trüber Stimmung und einem Mangel an Antrieb, auch in erotischer Richtung. Wir spüren keine so große Lust mehr auf neckische

Spielchen zwischen den Laken. Auch unsere erotische Betriebstemperatur erreichen wir immer langsamer. Die Zeit der Quickies zwischen Tür und Angel ist vorüber.

Was heißt das für die Partnerschaft?

Ab 40 dürfen wir uns in puncto Erotik das „Spielen" angewöhnen. Jetzt darf die gesamte „erotische Nutzfläche" bedient werden.

Es geht darum, unseren Partnern zart, aber stetig zu signalisieren, dass wir als „Slowfood" und Gesamtkunstwerk verwöhnt werden möchten.

Wir sind vielmehr ein *„Haut-ruft-rundum-nach-Berührung-Wesen"*, das jetzt vermehrt gekuschelt, gestreichelt und geherzt werden möchte – das Küssen nicht zu vergessen.

Viele meiner Patientinnen beklagen sich bei mir, dass ihre Männer sie viel zu wenig küssen – oder aber das Küssen immer als Aufforderung zum Akt ansehen. Das Küssen ist an sich so schön und erotisch, dass es uns auf Touren bringt und manchmal genügt! Küssen sollte sich nicht auf die Region oberhalb des Halses beschränken. Auch die Fingerspitzen, die Ellenbeuge, der Nacken und Rücken, die Kniekehlen, Füße und Zehen lieben im Allgemeinen die federzarten Begegnungen mit Lippen oder Zunge – von unserer Lusthöhle mal ganz zu schweigen.

Nun gibt es aber leider Männer (und Frauen), die dieses ganze Streicheln und Getue tendenziell lästig finden. Entweder es geht zur Sache oder sie fangen gar nicht erst an.

Wie schade! Denn das Spielen miteinander kann, muss aber nicht, zu mehr führen. Berührung alleine fördert unsere Schönheit, verleiht uns eine strahlende Haut (und Ausstrahlung!) und stärkt daneben völlig kostenlos unser Immunsystem.

Und das gilt für beide Geschlechter! Auch Männer brauchen Berührung – sie dürfen dafür aber umdenken.

Die Zeit der harten Kerle geht zu Ende, denn auch bei den Männern verändert sich der Hormonmix – dazu später noch ein bisschen mehr. Was braucht es also jetzt?

➢ Zeit
➢ Geduld und Humor
➢ Interesse
➢ Offenheit
➢ Genussfähigkeit
➢ Toleranz für Hilfsmittel

Auf alle diese Faktoren möchte ich eingehen. Nirgendwo wird so viel gelogen und geschwiegen wie beim Sex. Dabei ist er eines der schönsten Dinge auf der Welt.

Also los – offen und ohne Scheu.

Zeit

Rein biologisch-technisch-taktisch ist die beste Zeit zum Schmusen der frühe Morgen. Dann haben die Männer die größte Menge an Testosteron im Blut, ihr Lusthormon. Wer während der Woche aus Gründen der Berufstätigkeit dazu keine Möglichkeit hat, für den bleibt immer noch das Wochenende. Sinnvoll ist es, vor dem Kuscheln und Spielen die Blase zu leeren.

Das Telefon sollte ausgesteckt sein, damit nicht kurz vor dem Höhepunkt der wöchentliche Kontrollanruf der Schwiegermutter das Vergnügen jäh beendet.

Wichtig ist, sich ohne Zeitdruck und Störungen einander widmen zu können. Schmust einfach miteinander und freut euch daran, dass ihr einander habt. Freut euch darüber, einen Menschen an eurer Seite zu haben, der mit euch spricht, mit euch lacht, euch betrachtet, lobt und liebt.

Lasst euch auf die Berührungen ein. Genießt die Landschaft des anderen und staunt über die Reaktionen. Probiert aus, welche Berührungen euch besonders gefallen. Und wenn der andere nicht von alleine auf Entdeckungsreise gehen will, sagt ihm oder ihr, was ihr gerne habt.

Ja, ich weiß, nach Jahren der Partnerschaft ohne diesbezügliche Kommunikation ist das schon heikel: „Du Schatz, wenn du meine Brust knetest wie einen Kuchenteig, finde ich das eher schmerzhaft als lustvoll ..."

Aber eine Bemerkung wie: „Kannst du das auch ein bisschen zarter, langsamer, vorsichtiger ...", müsste schon möglich sein. Stellt das Ganze doch unter das Motto: *Deine Frau/dein Mann, das unbekannte Wesen.*

Ihr könnt ja alle neuen Wünsche den „Tapetenwechseljahren" in die Schuhe schieben – Mutter Natur hat ein breites Kreuz und hält solche Schwindeleien locker aus. Es dient ja einem guten Zweck, nämlich eurer Lust!

Schaut auch-nicht auf die Uhr. Die Zeit, die ihr braucht, um jetzt auf Touren zu kommen, ist länger als früher. Das gilt nicht nur für euch, sondern auch für eure Partner.

Wundert euch also nicht, wenn ihr selbst nach zehn Minuten süßester Küsse immer noch trocken seid wie die Wüste Gobi. Manchmal braucht es für die Initialzündung ein bisschen Spucke oder Gleitgel, um die Schleimhaut daran zu erinnern, warum sie ihren Namen hat – um Schleim zu produzieren. Setzt also beide eure Finger und eure Zungen ein. Vergesst den Penis, wenn der mal nicht will, dann eben nicht!

Und noch eins: Es geht nicht nur um den Orgasmus. Der kann sein, muss aber nicht. Es ist auch äußerst lustvoll, auf den hohen Wogen zu segeln, ohne gleich wie eine Rakete abzugehen. Denn hinterher ist zumindest bei den Männern erst einmal Ruhepause angesagt. Die sogenannte Refraktärphase, also die Zeit, bis der Penis erneut wieder stehen kann, dauert jetzt auch viel länger als in jungen Jahren.

Die Lust und der weibliche Orgasmus ist zum Glück nicht vom Penis abhängig – viele Frauen genießen die Zärtlichkeiten mit der Zunge rings um die Klitoris so sehr, dass sie auch dann auf Wolke 7 landen, wenn der süße Schlingel mal Pause hat.

Geduld und Humor

Ja, wahrlich, die braucht es. Geduld mit sich selbst und Geduld mit dem Partner. Jede Änderung benötigt Zeit. Alte Gewohnheiten sterben langsam und wehren sich zäh. Glaubt bloß nicht, dass ihr euer neues Liebesleben sofort erfolgreich starten könnt, nur weil ihr das so beschlossen habt. Es wird mal super sein, dann wieder weniger prickelnd. Es kann Tage geben, an denen ihr meint, nichts könne euch jemals noch erregen. Dann wieder entdeckt ihr eine ganz neue erogene Zone an euch selbst oder dem Liebsten. Es gibt also stets Überraschungen. Dann kann es passieren, dass euch mitten drin im schönsten Gewimmel der Wadenkrampf ereilt. Oder der Fuß schläft ein, oder die Hüfte tut weh oder es fährt euch oder ihm ins Kreuz. Da nutzt es gar nix, wenn ihr euch ärgert, wütend seid oder gekränkt. Lacht darüber, macht Witze, nehmt euch selbst nicht so tierisch ernst.

Habt auch Geduld mit euch selbst. Es kann Tage geben, an denen ihr zwar jede Menge Zeit miteinander, aber überhaupt keine Lust aufeinander habt. Auch das ist normal. Jede Beziehung, auch in jungen Jahren, pendelt zwischen den Polen Nähe und Distanz. Nicht immer ist uns nach Nähe. Zuweilen brauchen wir auch ein bisschen mehr Abstand, um uns innerlich neu zu sortieren. Solange wir den Partner lieben, achten und respektieren, kommt nach einer Phase der Distanz so sicher wie der nächste Morgen auch wieder eine Phase des verstärkten Bedürfnisses nach Nähe und Umarmung. Spätestens jetzt seid ihr erneut aufgerufen, Geduld zu lernen. Es gilt, diese normalen Lebenszyklen ohne Panik auszuhalten. Es ändert sich auch wieder, garantiert.

Interesse

Wenn in jungen Jahren das Interesse am Sex, am Kuscheln und Schmusen und den wilden Stunden zwischen den Laken einigermaßen zuverlässig vorhanden war, kann sich auch dies jenseits der 40 ändern. Da kann es passieren, dass Frauen nur noch alle 4 Wochen spontan Lust haben auf ein heißes Schäferstündchen. In den Zeiten dazwischen leben sie freiwillig abstinent.

Aus meiner Erfahrung weiß ich, dass das vielen gleichaltrigen Männern zu selten ist. Kein Wunder: Für Männer ist die erotische Nähe und das Verschmelzen mit der Geliebten eine der raren Möglichkeiten, Hingabe und „Erleuchtung" zu erlangen. Für Frauen gibt es hierfür weit mehr Gelegenheiten. Wir haben den Moment der Geburt von Kindern, das Stillen, unsere zyklische Blutung. Wir sind durch unsere Natur deutlich dichter dran am Werden-Wachsen-Gedeihen-Sterben und allen Höhen und Tiefen.

Reifere Frauen können auch ohne Sex gut leben. Meist haben sie einen großen Kreis von Freundinnen für den sozialen Bezug, das Lachen und gemeinsame Interessen. Unser Selbstwert speist sich also nicht nur aus der Beziehung zu unserem Partner. Wir haben meist tragfähige Netze im Außen.

Die Männer leben oft in Konkurrenz mit ihren Artgenossen, da wollen tiefe, innige Freundschaften schlecht gedeihen. Umso mehr sind sie auf unsere Zuwendung angewiesen – mehr als umgekehrt!

Darum tun Frauen gut daran, sich ganz bewusst ihren Männern zuzuwenden. Signalisiert ihnen, dass ihr sie interessant findet. Hört ihnen zu, wenn sie etwas erzählen wollen. Freut euch, dass sie reden, das kommt selten genug vor! Unterbrecht sie dann nicht in ihrem Gedanken. Fühlt euch ein in ihre Gedankenwelt, ihre Gefühle und ihr Streben. Das ist ein feiner Nährboden für guten Sex. Wenn wir feststellen, dass unsere Partner anders ticken als wir selbst, hilft der Satz: „Gegensätze ziehen sich an!" An guten Tagen haben wir Freude daran, die Welt unseres Partners, die uns fremd ist, durch ihn zu erkunden. An weniger guten Tagen kann der Satz helfen "Heute sind wir uns darüber einig, dass wir uns uneinig sind" – und das halten wir gemeinsam aus.

An Tagen, an denen das Feuer der Leidenschaft kaum glüht, könnt ihr es auch mit Interesse versuchen. Interesse heißt auf Lateinisch „dabei sein". Dafür könnt ihr euch auch bewusst entscheiden. Macht einfach mit, oft kommt der Appetit beim Essen. Wenn wir Frauen keine große Lust auf Sex haben, kann es eine Lösung sein, zu sagen: „Schatz, heute nicht". Es kann aber auch interessant sein, sich auf die Zärtlichkeiten einzulassen und dann zu erleben, dass der Körper vielleicht doch mehr Lust hat als der Kopf dachte.

Offenheit

Offenheit meint zum einem, dem Partner ehrlich mitzuteilen, was wir wollen und was nicht. Manche Frau ist schon daran gescheitert, sich und ihrem Liebsten eingestehen zu müssen, dass sie Analverkehr nun wirklich nicht toll findet. Auch wenn alle Pornofilme scheinbar das Gegenteil nahelegen, muss frau das nicht mögen. Wer etwas nicht mag, sollte dies auch äußern. Wir müssen nicht müssen, nur weil alle das machen. Wer ist schon alle? Ich habe da eh meine Zweifel.

Also seid ehrlich. Es lohnt sich und macht euch lockerer für die Art von Zärtlichkeit, auf die ihr wirklich steht.

Und genauso offen könntet ihr sein, wenn euer Partner gerne etwas mit euch ausprobieren möchte, was ihr noch nicht kennt. Nur weil es neu ist, muss es nicht schlecht sein. Also probiert es möglichst vorurteilsfrei aus. Was euch von vornherein abwegig erscheint, lasst bleiben – nix muss, aber vieles kann. Kein Moralapostel predigt die Verdammnis auf euch herab, wenn ihr mal die Stellung wechselt, euch abschlecken lasst (auch gerne mit Honig oder Schokolade) oder zur Abwechslung selbst die verruchte Verführerin gebt. Denkt daran, dass ihr spielen dürft.

Genussfähigkeit

Sex galt lange als verwerflich. Viele Frauen haben das von ihren Eltern und natürlich von der Kirche so gehört. Sex diene der Vermehrung der Rasse – oder so, wie Queen Viktoria es formuliert haben soll: „Mach die Augen zu und denke an England!"

Frauen sollten möglichst rein und *keusch sein*. Ganze Generationen von Psychologen haben sich mit dem Phänomen der Abspaltung sexueller Neigungen vom Idealbild von Frau befasst.

Noch so viele Ermahnungen, die Hände über der Bettdecke zu halten, keine Miniröcke zu tragen und den Jungs keine schönen Augen zu machen, haben die Menschheit nicht zum Aussterben gebracht. Die Verlockungen der Lust sind einfach stärker. Viele Frauen sind aber innerlich gespalten. Sie haben zwar Sex, aber sie können ihn nicht wirklich genießen. Das schlechte Gewissen, die Moralapostel im eigenen Kopf sind ihnen im Weg.

Jetzt ist die Zeit gekommen, diese unerwünschten Mitbewohner des Hauses zu verweisen. Die Devise lautet jetzt nicht: „Mein Bauch gehört mir", sondern „Mein Genuss beim Sex gehört mir" und wird auch nicht mehr kontrovers diskutiert. Punkt!

Wir müssen jetzt keine Angst mehr haben vor Schwangerschaften. In jungen Jahren war das ein beständiges Risiko und hat uns oft gehemmt. Jetzt muss uns das nicht mehr belasten. Jetzt können wir *Genuss ohne Reue* leben. Und theoretisch können wir jetzt immer. Die lästige und oft schmerzhafte Regelblutung gehört der Vergangenheit an. Wir können jetzt jederzeit erotische Ferien am Meer planen. Wir dürfen uns mit unserem Liebsten zu Wasserspielchen in den Whirlpool verkriechen. Weder Damenbinde noch Tampon können uns den Spaß vermiesen.

Also kippt das schlechte Gewissen über Bord und lasst die wilde Hummel in euch zum Vorschein kommen. Jetzt bestimmt ihr allein, was euch Genuss bereiten soll. Experimentiert nach Herzenslust, macht Blödsinn und probiert euch aus.

Toleranz für Hilfsmittel

Wer von euch war schon einmal in einem Sexshop? Wer hat zu Hause einen Dildo, Massageöl, Federboa, chinesische Lustkugeln, Straps und Leder, Lackstiefel, eine Peitsche oder rosa Handschellen für die Fesselspiele?

Findet ihr das alles blöd, abwegig, pervers gar?

Eine meiner lieben Patientinnen, Ulla, erzählte mir, dass einer ihrer verflossenen Partner einmal eine Schachtel mit allerlei solchem Spielzeug mit nach Hause brachte und es ihr wortlos auf den Tisch legte. Sie sei fast in Ohnmacht gefallen, denn sofort schoss ihr durchs Hirn: „Gefalle ich ihm alleine so, wie ich bin, nicht mehr?" – „Muss ich das jetzt alles schön finden?" – „Will er das jetzt täglich?"

Sie meinte mir gegenüber, sie hätte vielleicht mehr Gefallen an solchen Spielsachen gefunden, wenn er das gemeinsam mit ihr besprochen hätte. Sie hätten so ins Gespräch darüber kommen können, was in ihrem Liebesleben vielleicht fehlt. Ihr aber so etwas einfach ohne Erläuterung vor den Latz zu knallen, empfand sie als herbe Kränkung.

Was viele Frauen mögen, ist schöne Wäsche, die der Angebetete einem dann vom Leibe reißen kann – oder anlassen, ganz nach Gusto. Hier ist Seide oder edle Baumwolle mein Favorit. Stoffe aus Synthetik „atmen" nicht und können Schweiß nicht so gut aufnehmen, auch wenn sie vielleicht schick aussehen.

Wer besondere Spielzeuge mag oder auf Verkleidungen steht, sollte diese benutzen dürfen, ohne dass seltsame

Bemerkungen des Partners kommen – auch dies natürlich spielerisch und nach Absprache miteinander, die Verkleidungen sollen ja nicht abtörnen. Manche Menschen tun sich schwer, ohne Accessoires ihre Phantasie auf die Reise zu schicken. Wenn es also den Fummel braucht, die Schals oder die Ketten, um in Fahrt zu kommen und die neue Rolle für den Moment auch leben zu können – warum nicht? Solange beide zu ihrem Genuss kommen, ist doch alles in Butter.

Wer ohnehin eine blühende Fantasie hat oder sich im Alltag bereits Freiräume geschaffen hat für kindliche Späße, mag feststellen, dass er oder sie auch ohne Hilfsmittel auskommt. Auch gut! Lasst uns so tolerant sein, dass jeder und jede nach ihrer Fasson selig werden darf – solange dabei kein anderer zu Schaden kommt.

Noch ein Wort zu Viagra® und Konsorten

Seit 1998 gibt es diese Medikamente. Der Jahresumsatz alleine der Firma Pfizer liegt derzeit damit bei knapp 25 Milliarden Euro! Daraus können wir ersehen, dass das Problem der mangelhaften Erektion bei unseren Männern weit verbreitet ist. Kein Wunder, wenn in allen Pornofilmen die Männer als dauergeile Hengste dargestellt werden. Im Vergleich mit diesen „Schauspielern" muss sich ein halbwegs normaler Mann ja vorkommen wie ein kleines „Würstchen". Bitte nicht nachmessen! Pornos sind bewegte Fantasiegeschichten für Männer, die mit der Realität nicht viel zu tun haben.

Gleichwohl schauen fast alle Männer Pornos. Viele Frauen sind darüber entsetzt oder schockiert. Aber wenn er sich beim Filmegucken Appetit holt auf euch, ist doch alles in Butter. Wenn er sich seine etwas schrägeren Fantasien auf Zelluloid gebannt reinzieht, ist das genauso okay wie wenn ihr den neuesten Schmachtfilm von Rosamunde Pilcher schaut oder in den Romanen mit der Heldin mitfiebert. Fantasien sind etwas Schönes. Wir sollten sie nur klar von der Realität trennen können. Genau dort liegt das Problem für viele Männer.

Sie bekommen den Eindruck, sie müssten immer können. Möglichst lange, möglichst oft und mit möglichst vielen „Schüssen". Ist es das, was die Frauen wollen?

Bitte sprecht miteinander! Es könnte sein, dass die holde Weiblichkeit gar nicht in erster Linie nach steter Potenz verlangt. Zärtlichkeit, Zuwendung, Streicheleinheiten, eher die „Soft Skills" in der körperlichen Liebe sind gefragt, nicht so sehr der Rambo im Mann.

Wir sollten den Sex nicht nur auf die Potenz und das „Stehvermögen" reduzieren. Denn das birgt die Gefahr, dass unsere Seele zu kurz kommt. Auch die männliche Seele profitiert von Zärtlichkeit jenseits des Leistungsdrucks, denn die Qualitäten eines Liebsten sind zum Glück nicht nur von der Potenz abhängig. Diese ist ein Teil der Erotik, aber eben nicht alles.

Impotenz – was ist das?

In der Medizin versteht man darunter die Unfähigkeit, eine Erektion zu bekommen und diese bei Stimulation solange aufrechtzuerhalten, dass das Einführen des Penis in die Scheide möglich ist. Ob der Sex danach lustvoll ist und zu einem Orgasmus führt, ist nicht das Thema. Bei meinen Gesprächen mit Männern war die Erektion oft nicht das Problem. Eher schon haperte es beim Abschluss, wenn der Penis den Orgasmus verweigerte.

Da helfen keine Pillen!

Den Männern in meiner Praxis sage ich zum Trost, dass in den Tapetenwechseljahren fast 50% aller Männer mal mehr, mal weniger Probleme mit dem Orgasmus haben. Es muss also nicht gleich eine neue, jüngere Partnerin her, wenn das gewohnte Feuerwerk ausbleibt. Mutter Natur geht auch hier ökonomisch vor. Wenn kein Kindersegen mehr erwünscht ist (und ab 45 auch nicht mehr benötigt wird), kann die Spermienproduktion auch zurückgefahren werden.

Und, liebe Männer, mal ganz unter uns: Wenn der Penis ab und zu nicht strammstehen will, dann nutzt doch eure Finger und eure Zunge. Die sind wundervolle Spielzeuge. Und vielleicht mögt ihr es auch, den Vibrator zu benutzen. Eure Partnerinnen präsentieren euch im besten Fall eine völlig kostenlose, dafür aber für beide sehr lustvolle Peep-Show. Wenn das keine verlockenden Aussichten sind ...

Ärztlicherseits kann Viagra® verordnet werden, wenn beispielsweise körperlich bedingte Störungen der Erektionsfähigkeit vorliegen. Diabetes mellitus, Durchblutungsstörungen oder Prostataprobleme können es dem Mann schwer bis unmöglich machen, ohne chemische Hilfe eine befriedigende Erektion halten zu können. Guter Sex hat fast immer mit Körper, Seele und Geist zu tun. Er umfasst mehr als nur einen Penis und eine Vagina. Es hängen immer zwei Menschen mit dran – und darum sollten sich auch beide beraten lassen.

Im Internet tauchen immer mehr Berichte von Frauen auf, die sich beklagen, dass ihre Männer dank der blauen Pillen nun fast immer wollen. Den Frauen wird das zu „anstrengend" – offenbar wollen die Frauen etwas anderes.

Eine Erektionsstörung ist ein Symptom, aber keine Ursache. Dahinter kann sich manches verbergen, was mit Pillen nicht behebbar ist. Es könnte die Langeweile sein, mit der immer gleichen Frau immer nur in der Missionarsstellung herumturnen zu dürfen. Immer nur Samstag-Sex nach der Sportschau, oder immer nur Sex nach Stunden des Streichelns aller politisch korrekten erogenen Zonen könnte öde werden.

Oder es könnte sein, dass der Mann anderweitig verliebt ist. Das kommt vor und sollte thematisiert werden.

Oder es könnte sein, dass die Partnerin ihn so lange am ausgestreckten Arm hat darben lassen, dass nun sein bestes Stück den Dienst verweigert. Grade zum Trotz, wenn sie denn schon mal wollte ...

Oder es kann sein, dass die Lust gekillt wird, weil einer

oder beide sich hygienemäßig gehen lassen. Ich muss das nicht weiter vertiefen. Frisch gewaschen, geduscht, mit einem wohlriechenden Wässerchen besprüht, ähnlich wie beim ersten Date, ist die Anziehung sicherlich höher und die Zuneigung gleich um etliches besser. Der Anblick eines unrasierten Männchens, mit strähnigem Haupthaar, Trauerrändern unter den Fingernägeln, dazu drei Tage alter Achselschweiß und die alte, abgewetzte und zerknitterte Trainingshose aus früheren Zeiten um das Gemächt ist dagegen eher ablöschend für die innere Glut.

Bevor also die Entscheidung fällt, mittels der kleinen Wunderpille das Symptom zu besiegen, wäre es ratsam, den Ursachen für das scheinbare Desaster auf den Zahn zu fühlen. Alles, was behebbar ist, sollte behoben werden.

Dafür ist Ehrlichkeit vonnöten. Es braucht auch Respekt vor dem Partner – und vor sich selbst.

Hilfe, mein Partner geht fremd

Nicht zufällig gibt es meterweise Literatur zu diesem Thema, den Dreiecksbeziehungen. Es ist schon viel Kluges darüber geschrieben worden. Es wurde analysiert, wer besonders anfällig für einen Seitensprung ist und welche Rezepte dagegen funktionieren könnten.

Ich sehe folgende mögliche Konstellationen:

1. Er geht fremd, sie weiß es und stimmt innerlich zu. Sie ist vom Sex befreit (Stichwort eheliche Pflichten), ansonsten behält sie aber die materielle Sicherheit mit Haus, Garten, Hund, Tennislehrer etc. Das Modell kann funktionieren, sofern die Geliebte keine weiteren Ambitionen hat, sondern nur körperliche Liebe will. Sobald der Partner sich dabei aber verliebt, wird es heikel. Dann geht es darum, welche Version er von der Zukunft hat.

2. Er geht fremd, sie ahnt es nicht und fällt aus allen Wolken, wenn sie es erfährt. Meist ist dann der seelische Schaden so groß, dass eine Trennung ansteht. Oder aber das Misstrauen hält Einzug in die Partnerschaft. Es wird kontrolliert, geschnüffelt und beargwöhnt. Oder aber die beiden kommen ins Gespräch und klären die Bedürfnisse. Das kann ein gemeinsamer Neubeginn oder die endgültige Trennung sein. Auch eine „Auszeit" kann hilfreich sein, um die eigenen Wunden zu pflegen, sich klar zu werden und neu zu orientieren. Wenn zum Paar noch Kinder gehören, die ja bekanntlich beide Elternteile lieben, ist es empfehlenswert, ohne negative Emotionen miteinander zu sprechen, vor den Kindern nicht über das andere Elternteil herzuziehen und sich trotz allem Schmerz der gemeinsamen Verantwortung für die Kinder bewusst zu sein.

3. Sie geht fremd, er weiß es und stimmt innerlich zu. Er ist vom Sex befreit (betrifft vor allem Männer mit organisch bedingten Erektionsstörungen oder ungeklärten Abneigungen gegen Frauen im Allgemeinen). Nach meinen Erfahrungen ein eher seltenes Modell, kommt aber bei männlichen Versorgungswünschen a la Hotel Mama durchaus vor. Wie oben erwähnt, kann es dann brenzlig werden, wenn sie sich ernsthaft verliebt. Wenn der neue Mann auch noch weitere Qualitäten hat als die Steherfähigkeiten im Bett, stehen die Koffer oft schnell vor der Türe.

4. Sie geht fremd, er ahnt es nicht – und wird es wohl auch nie erfahren. Frauen, die es darauf anlegen, sind deutlich geschickter und trickreicher im Vertuschen, Verheimlichen und Alibis Finden als Männer. Wenn sie allerdings will, dass er es erfährt, hat die Affäre häufig Hinweischarakter. Sie will ihn aus der Defensive locken. Dann geht es um Hopp oder Topp.

5. Beide leben eine offene Partnerschaft mit wechselnden Partnern – Stichwort: Swinger-Club. Das Modell kann funktionieren, wenn die Psyche robust genug ist, um über Eifersucht und körperlichen Besitzansprüchen zu stehen. Schutzmaßnahmen (z.B. der Gebrauch von Kondomen) gegen ansteckende übertragbare Krankheiten sollten dabei selbstverständlich sein.

6. Eine Sonderform mit großer Breitenwirkung ist

das Modell „Er geht zu einer Prostituierten". Die landläufige Meinung ist, dass nur alleinstehende Männer in den Puff gehen. Als Freier gelten wenig attraktive Männer, Witwer, Männer mit speziellen Vorlieben, die sie einer „Durchschnittsfrau" nicht zumuten möchten. Eine weitere Gruppe sind die Sexsüchtigen. Sie brauchen immer wieder den Kick, den Rausch eines neuen Skalps am Gürtel. Fakt ist aber auch, dass viele scheinbar brave Familienväter nicht nur beim alljährlichen Kegelausflug, sondern auch mal einfach so, nach Feierabend oder in der langen Mittagspause, ihren erotischen Appetit bei den Professionellen stillen. Kaum je wird es hier zu einem Happy End im Stile von „Pretty Woman" kommen. Sex wird eher konsumiert wie das Bier zum Feierabend. Mir haben Männer erzählt, dass sie das wirklich können. Offenbar können sie den Körper bedienen und die Seele völlig außen vor lassen. Bezahlter Sex als erweiterte Form der Onanie.

Die Exklusivität der sexuellen Beziehung schafft energetische Bindungen. Sex verbindet die Energiefelder zweier Menschen – ob wir das wollen oder nicht. Es ist ratsam, sich dort mit ganz viel Vorsicht und Behutsamkeit zu bewegen. Und sollten wir doch einmal versehentlich ausgerutscht sein, dürfen wir das erst einmal mit uns selbst ausmachen. Es kann liebevoller sein, den Seitensprung nicht zu „beichten", anstelle dem Partner unverdünnt gleich alles um die Ohren zu schlagen. Auch hier gilt der Satz: Der Unterschied zwischen einer guten und einer mittelmäßigen Ehe sind die drei Dinge am Tag, die nicht gesagt werden.

Männer haben keine Wechseljahre?

In den Diskussionen im Freundeskreis wird gerne einmal so getan, als sei das ganze Theater um die Tapetenwechseljahre ausschließlich Sache der Frauen. Die Herren der Schöpfung hätten damit nichts am Hut.

Irrtum, meine Herren! Auch euer Leben verändert sich. Vielleicht habt ihr nicht ganz die vom Mond getakteten Zyklen wie wir, aber die ewige Spannkraft habt ihr auch nicht gepachtet. Darum einiges Erhellendes aus medizinischer Sicht: Bereits ab 30 geht bei den Männern die Produktion ihres Lieblingshormons Testosteron zurück. Pro Jahr sollen es 1,5 % weniger sein. Männer produzieren – was viele nicht wissen – auch weibliche Hormone. Ganz am Anfang des Lebens gibt es nämlich nur weibliche Föten. Erst unter dem Einfluss von Testosteron entwickelt sich aus dem weiblichen Keim dann später in der Schwangerschaft das Knäblein.

Die Männer haben also ab 30 weniger „Testarossa", dafür mehr Östrogen – relativ gesehen. Darum entwickeln manche jetzt auch zarte Brüstchen, vor allem solche Männer, die gerne und oft Bier trinken. Hopfen fördert nämlich die Östrogenproduktion.

Das Internet ist voll mit Artikeln, die belegen, dass Männer ganz ähnliche Symptome entwickeln wie Frauen. Die Symptome lesen sich vertraut:

➢ Müdigkeit
➢ Haarausfall
➢ Libidoverlust
➢ Potenzprobleme
➢ Gewichtszunahme
➢ Depression, häufig hinter Gereiztheit und Aggressivität versteckt

Männer sind leider auch Weltmeister im Verdrängen. Sie schieben ihre Probleme gerne auf den Stress in der Arbeit. Schlafen sie schlecht und sind tagsüber müde, lassen sie verlauten, es läge vielleicht an der Matratze. Vielleicht geben sie aber auch dem späten Essen die Schuld. Das darf dann auch gleich herhalten als Grund für die extra Kilos. Die Top Ten der männlichen Leiden mit den zugehörigen Lösungen (dürfen Männer sowohl lesen als auch anwenden) sind:

1. Haarausfall – lässt sich mit Biotin, Finasterid (einem Wirkstoff gegen hohen Blutdruck. Seine beste Nebenwirkung ist, dass er das Haarwachstum anregt) und Vitamin B sowie Zink aufhalten. Oft familiär bedingt.
2. Leistenbruch – das männliche Bindegewebe hat mehr Druck auszuhalten. Darum, liebe Männer,

macht beizeiten leichtes Krafttraining, vor allem für die schrägen Bauchmuskeln – aber nicht übertreiben. Und hebt schwere Lasten lieber mit Gurten an – oder mit anderen mechanischen Hilfsmitteln.

3. Schnarchen – ist immer lästig, zuweilen sogar gefährlich. Gefahr droht dann, wenn es lange Atemaussetzer gibt. Dann bitte ärztlich abklären lassen. Manchmal hilft auch schon Bierverzicht.

4. Leberzirrhose – Männer trinken mehr und öfter Alkohol als Frauen. Die Leber muss das Gift wieder loswerden. Darum immer einmal wieder lieber Wasser oder Tee statt Hochprozentigem zu sich nehmen. Es ist gesellschaftlich auch für Männer nicht mehr verpönt, wenn sie „bleifreie" Getränke bevorzugen.

5. Potenzprobleme – wenn die Erektion schwächer wird, der Orgasmus ausbleibt oder viel zu früh kommt, sollten organische Ursachen ausgeschlossen werden. Der Rückgang der Potenz kann ein erstes Warnzeichen sein für Diabetes, Durchblutungsstörungen oder hohen Blutdruck. Aber auch Stress, Ärger oder Sorgen können das beste Teil des Mannes irritieren. Darum ist es äußerst nützlich, mit der Partnerin darüber zu reden. Wenn die Partnerin nichts von eurem sonstigen Stress im Leben weiß, könnte es passieren, dass sie die Potenzprobleme auf sich bezieht und sich zurückzieht! Das wäre doch schade.

6. Parkinson – trifft Männer weit häufiger als Frauen. Der Erkrankung kann mit frühzeitigen Bewegungsübungen, Krafttraining, Koordinationsübungen, Gleichgewichtstraining und Ernährung mit viel guten Fettsäuren aus Fisch, Nüssen und Oliven vorgebeugt werden.

7. Parodontitis (Zahnfleischentzündungen) werden vom Testosteron begünstigt. Wer mit dem Rauchen aufhört, weniger Zucker isst, seine Zähne sehr gut pflegt – mindestens 2 × täglich die Zähne putzt, mindestens 2 Minuten und 2 × im Jahr zur professionellen Zahnreinigung geht, kann die Krankheit gut vermeiden.

8. Herzinfarkt – leider oft schon in jungen Jahren. Regelmäßige moderate Bewegung hilft vorbeugen, genauso wie Stressbalance, Entspannung und überwiegend vegetarische Ernährung.

9. Prostataleiden – ab 40 Jahren können regelmäßige Vorsorgeuntersuchungen beim Urologen helfen, Veränderungen frühzeitig zu erkennen. Vitamin D tut gut, Bewegung auch – und da die Prostata die „Seele des Mannes" genannt wird, lohnt es sich auch, darüber zu reden, wo den Mann der Schuh drückt. Abstellen kann man Missstände nur, wenn sie bekannt gegeben werden.

10. Gicht – schon immer die Luxuserkrankung der Kaiser und Könige. Verursacht durch zu viel Fleisch und Wurst, oft in Kombination mit Alkohol.

Normalgewicht zu halten hilft genauso wie der regelmäßige Verzicht auf zu viel Fleisch. Und natürlich viel Wasser trinken – spült die Nieren und schwemmt die Harnsäure aus.

Liebe Männer, ihr dürft euch auch bei den Tipps für die Frauen bedienen.

Und wenn die Symptome gar zu lästig werden, kann eine Audienz beim Arzt eures Vertrauens helfen. Es gibt, wenn es nötig ist, Viagra – bitte mit Vernunft einsetzen. Es gibt auch die natürlichen Hormonkapseln von Dr. Volker Rimkus. Und die positive Auseinandersetzung mit den Jahren hilft dem angeknacksten Selbstwertgefühl oft besser als die blutjunge Geliebte (nach einiger Zeit viel zu anstrengend) oder das überdimensionierte Motorrad mit Gucci-Brille. (Auch von dem kann man herunterfallen.)

Ihr könntet mit eurer Partnerin doch mal „brainstormen", was ihr gemeinsam noch an Abenteuern erleben wollt – und wie die sich am leichtesten umsetzen lassen. Täuscht euch nicht – eure Frauen haben auch eine wilde Ader, die geweckt werden will. Lebt sie zusammen aus – das bringt Freude und Zufriedenheit.

Reisegepäck Nr. 4 – Energie, der Stoff, der unseren Motor speist

Viele Frauen klagen ab 40 vor allem über Müdigkeit, Abgeschlagenheit, Erschöpfung. Der Mangel an Elan, Spannkraft und Antrieb wird dabei häufig den Hormonen zugeschoben. Nicht immer stimmt allerdings diese Wahrnehmung. Nach meiner Erfahrung tun die Hormone zwar schon etwas dazu, weit entscheidender ist aber unsere Energielage. Sie bestimmt darüber, wie wir durch den Tapetenwechsel marschieren. Sie stellt auch die Weichen, in welcher Verfassung wir am anderen Ende ankommen.

Es lohnt sich also, beizeiten den eigenen **_Energiezustand klären_** zu lassen und die Energiebatterien wieder aufzufüllen.

Worum geht es und wie funktioniert es?

Wir Frauen (und auch die Männer!) bestehen ja nicht nur aus Körper, Seele, Geist und Intuition. Alle Lebewesen benötigen Lebenskraft, um sich lebendig zu fühlen. Diese Lebenskraft nennt man auch Energie. Es ist eine andere Energie als diejenige, die aus der Steckdose kommt. Sie bemisst sich auch nicht in Watt, Ampere oder Leistung in Stundenkilometern. Sie kann mit den Werkzeugen der Schulmedizin noch nicht gemessen werden. Trotzdem ist sie real. Wir spüren ganz genau, ob wir Power haben, uns fit und schwungvoll fühlen – oder aber nicht.

Die Naturheilkunde befasst sich immer schon damit, wie wir den Körper in die Lage versetzen können, seine natürliche Gesundheit möglichst lange zu erhalten. Ich nenne dies gerne die „Blaupause von Gesundheit", die in jedem von uns angelegt ist. Dazu setzen die Heilpraktiker und die Ärzte für Naturheilverfahren eine Reihe von Möglichkeiten ein:

- Akupunktur
- Neuraltherapie
- Schröpfen
- Blutegel
- Fastenkuren
- Einläufe
- Wasseranwendung
- Luftbäder, Sonne
- Pflanzliche Wirkstoffe
- Homöopathie

Allen Verfahren gemeinsam ist, dass sie den Körper wieder zurückbringen wollen in die „Eigenregulation".

Der Körper selbst hat also den Schlüssel zur Gesundung. Er kann sich selbst wieder in die Balance bringen. Er kann selbstständig Wunden heilen, neue Haut bildet sich nach Schürfungen oder Brandwunden. Der Körper erneuert seine Zellen ständig. Nach sieben Jahren, haben schlaue Forscher ermittelt, haben wir alle Zellen mindestens einmal ausgetauscht. Dieser innere Heiler ist immer in uns. Manchmal kann er aber nicht ungestört arbeiten. Dann ist der Energiefluss in uns blockiert, wir fühlen uns matt und kaputt. Alles strengt uns dann übermäßig an, wir haben keine Lust mehr, etwas zu tun und sehnen uns nur noch nach Ruhe.

Nach viel körperlicher Arbeit ist das Ruhebedürfnis normal und verständlich. Wenn die Schlappheit aber anhält? Gibt es einen vernünftigen Grund, warum wir uns so ausgelaugt fühlen? Wenn wir uns grundlos immer müde, schwach oder erschöpft fühlen, ist es Zeit für einen „**Energie-Check**".

Ich verwende dabei in meiner Praxis ein kleines Testgerät. Das produziert exakt die Frequenzen (Geräusche), die auch unsere Gehirnwellen herstellen. Ob Welle oder Teilchen – alles ist Energie. Das wissen wir seit Albert Einstein. Die Frequenzwellen des Gerätes kann ich zusammen mit dem Muskeltest der Kinesiologie nutzen. Ich kann so den Körper fragen, was in ihm los ist. Dieses Interview mit dem Körper ist vollkommen schmerzlos. Mithilfe der immer lauter werdenden Geräusche des Geräts kann ich herausfinden, ob alle Energiebatterien des Körpers gut gefüllt sind. Wir haben eine Batterie für den körperlichen Zustand, eine für unsere Seele, eine für den Geist und die vierte für unsere Intuition. Wenn Energie fehlt, prüfe ich danach mit bestimmten Ampullen, auf welcher Etage des Körpers die Energie fehlt und wodurch sie verloren ging. So kann ich den wichtigsten Energieräubern auf die Spur kommen und dem Körper das Behandlungskonzept anbieten, das er braucht. Kein lästiges Ausprobieren mehr, keine unerwünschten Nebenwirkungen. Stattdessen eine maßgeschneiderte Therapie mit meist geringen Kosten und einer hohen Erfolgsquote.

Allerdings braucht es für den Behandlungserfolg unbedingt die aktive Mitarbeit des Patienten. Oder um bei einem schönen Sprichwort zu bleiben: Man kann den Hund nicht zum Jagen tragen!

Welche Energieblockaden gibt es überhaupt?

➢ Geopathien, also Erdstrahlen, Wasseradern, Verwerfungen unter dem Bettplatz
➢ Elektrosmog durch Handymasten, WLAN, Mikrowellengeräte etc.
➢ Angst
➢ Stress
➢ Erschöpfung des autonomen Nervensystems
➢ Nervliche Anspannung
➢ Chronische Entzündungen in bestimmten Organen (Herde)
➢ Narbenstörfelder
➢ Impfbelastungen
➢ Mangelzustände von Vitaminen oder Mineralien
➢ Unverarbeitete seelische Verletzungen aus der eigenen Vergangenheit

Seelenverletzungen und ihre Auswirkungen

Vielleicht kennt ihr das auch? Eine Schulfreundin serviert uns ab – sie hat jetzt eine andere beste Freundin. Oder wir bekommen die Stelle nicht, auf die wir uns mit so viel Herzblut beworben haben. Unsere Nachbarn reden schlecht über uns. Der Chor, in dem wir singen, löst sich auf. Das Haustier stirbt. Der Partner beschimpft uns oder wird handgreiflich. Die Kinder verlassen das Elternhaus. Die Eltern sterben. Die beste Freundin bekommt Brustkrebs. Wir verlieren unseren Job. Der Vermieter kündigt uns die Wohnung.

Stressfaktoren und Herausforderungen im Leben gibt es reichlich.

Nicht jedes Ereignis hinterlässt Verletzungsspuren in uns. Mit manchen Vorkommnissen werden wir locker fertig oder nehmen sie nicht so tragisch. Vielleicht haben wir schon davor Erfahrung im Bewältigen von Krisen gesammelt. Vielleicht haben wir von Haus aus ein sonniges Gemüt. Möglicherweise haben wir Unterstützung von anderen Menschen.

Nicht immer geht es aber gut aus. Manche Ereignisse überfordern uns. Das kann ein Kriegsereignis sein. Flucht, Vertreibung, Bombenangriffe, Vergewaltigung, Hunger, Todesangst im Schützengraben kann zu viel sein für unsere Seele. Solche Ereignisse werden dann *verdrängt*. Wir vergessen sie einfach und reden nicht mehr darüber. Damit sind sie aber leider nicht weg. Solches Trauma verschwindet nicht einfach, nur weil wir es ignorieren. Die unverarbeiteten Seelenschäden wirken in uns weiter. Sie kosten uns ständig Kraft. Es ist anstrengend, sie „unter dem Deckel" zu halten. Immer wieder macht der unverheilte Seelenschmerz auf sich aufmerksam. Wir müssen ihn ständig mit unserer Energie füttern. Das erinnert mich an das „Tamagotchi", jenes virtuelle Küken aus Japan. Vor Jahren wurde es ersonnen. Es wollte gefüttert werden, man sollte mit ihm spielen. Wir sollten mit ihm reden und es bespaßen. Taten wir das nicht, starb es und das Spiel war aus.

Bei unseren seelischen Dramen funktioniert das leider nicht. Wenn wir die vergessen und verdrängen, sterben sie leider nicht.

Ganz im Gegenteil: Sie fressen immer mehr von unserer Kraft. Und wir fühlen uns immer schlechter. „Angst essen Seele auf", wusste schon Fassbinder in einem seiner Filme.

Unsere Seele hat eine ganz enge Verbindung zu unserem Immunsystem.

Medizinische Info

Psycho-Neuro-Immunologie heißt die Wissenschaft dazu. Sie befasst sich mit den Wechselwirkungen zwischen der Seele (Psyche), den Nerven (Neuro) und unserer Krankheitsabwehr (Immunsystem). Was uns also auf die Nerven geht, macht uns kränker. Oder auch, was uns seelisch verletzt, ist schlecht für die Abwehr von Krankheiten. Die Art, wie wir Ereignisse bewerten und verarbeiten, bestimmt darüber, ob in unserem Körper die gesunden Gene angeschaltet werden. Sehen wir also alles schwarz, werden eher die Gene aktiv, die Krankheiten oder Beschwerden mit sich bringen. Die Art, wie wir denken und fühlen, bestimmt demnach darüber, wie lange wir gesund altern. Grund genug also, dass wir uns auch mit unserer Denke befassen – mehr dazu in einem späteren Kapitel.

Ab 40 wird unsere „Defensive" schwächer. Ich erwähnte schon, dass wir dünnhäutiger und empfindlicher werden. Wir haben meist auch nicht mehr so viele Möglichkeiten, den alten „Seelenmüll" weiterhin so kraftvoll zu unterdrücken wie seither.

Nach und nach kommen alte Erinnerungsfetzen in unser Bewusstsein. Manchmal leiden wir unter Alpträumen, manchmal sind es aber auch körperliche Symptome, die uns nerven. *Beinbeschwerden* können ein Hinweis sein, dass wir so nicht mehr weiter mögen. Ein *Armbruch* kann uns sagen, dass wir uns handlungsunfähig fühlen. *Bauchschmerzen* können bedeuten, dass uns etwas schwer im Magen liegt. Und *Durchfall* könnte ein Signal sein, dass wir meinen, bei der Prüfung des Lebens durchgefallen zu sein.

Immer dann, wenn die schulmedizinischen Untersuchungen keine klare Ursache für die Beschwerden ergeben, liegt die Vermutung nahe, dass die Beschwerden einen energetischen Hintergrund haben.

Der Körper weist uns mit Beschwerden darauf hin, dass in der Seele noch etwas aufzuräumen ist. Über die Verknüpfung von Körper und Seele, über die *Sprache des Körpers* ist schon viel geschrieben worden. Ich konnte nicht mit allen Beschreibungen in diesen Büchern etwas anfangen. Aber ich weiß aus meiner Praxis: Jeder unverarbeitete Seelenschmerz kann einen körperlichen Schmerz nach sich ziehen.

Der Körper hat sieben Stockwerke; jedes dieser Stockwerke hat bestimmte Organe und damit auch festgelegte Aufgaben. Jede seelische Verletzung wohnt im Körper ganz ordentlich dort, wo die zugehörige Emotion hingehört.

Finden wir die Etage, wissen wir auch, was die Lernaufgabe dort ist.

Jeder Seelenschmerz bindet Energie, die uns dann im Alltag fehlt. Energiemangel sorgt für Beschwerden. Die Energie folgt immer der Aufmerksamkeit.

Ohne Energie haben wir keine Kraft zur Veränderung dessen, was uns nervt. Energie ist also absolut notwendig für die Tapetenwechseljahre – wir haben ja noch viel vor!

Die sieben Stockwerke des Körpers und wie wir sie stärken können

Kommt mit auf die Reise durch die Energie-Etagen des Körpers. Ich finde die Beschäftigung mit Energie besonders spannend. In der Praxis benutze ich dieses Wissen seit über 20 Jahren. Rudolf Steiner hat erkannt, dass Menschen sich in Sieben-Jahres-Schritten entwickeln. Rein rechnerisch sind wir nach 7 × 7 Jahren dann einmal durch alle Stockwerke durch. Das entspricht ziemlich genau dem Alter, in dem wir die Tapetenwechseljahre ansiedeln. Zufall? Ich denke, nein. Es geht nur darum, das System zu durchschauen und für sich zu nutzen.

Etage 1 – die Region von Becken und Beinen

Farbe: Rot, Symboltier Elefant, Stier
Sinnesqualität: Riechfähigkeit
Qualitäten: Erdung, Wurzeln, Urvertrauen, Kraft,
                      Stamm und Sippenzugehörigkeit
Lebensphasen: frühe Kindheit (0–7 Jahre) und Phase
                      zwischen 49 und 56 Jahren

In der Kindheit sollen wir lernen, uns im Leben heimisch zu fühlen. Wir spüren, dass wir gewollt und geliebt sind, dass unsere Eltern uns mögen. Sie fördern unsere Talente und geben uns den Raum, den wir zum Wachsen benötigen. Sie geben uns Sicherheit und Geborgenheit. Durch

Lob und Ermutigung wächst unser Selbstbewusstsein. Wir lernen, uns selbst zu vertrauen und uns als wertvoll wahrzunehmen. Wir gehen kraftvoll und mutig ins Leben und stellen uns den Herausforderungen.

In der Zeit von 49 bis 56 sollen wir lernen, uns selbst im Leben eine neue Basis zu geben. Wir sollen unsere Energien vermehrt zu uns nehmen, um in die eigene Tiefe zu gehen. Wir dürfen jetzt das ernten, was wir in der ersten Lebenshälfte gesät haben. Wir dürfen uns mit der Urkraft des Weiblichen verbinden, auch mit erdigen Tätigkeiten. Wie Mutter Erde dürfen wir *nur sein* und müssen nichts mehr beweisen.

Trauma in dieser Phase: Tod eines Elternteils, Flucht, Vertreibung, Krieg, Scheidung der Eltern, Misshandlungen, Vernachlässigung.

Körperliche Folgen: Blasenentzündungen, Bettnässen, Verstopfung, Minderwuchs, Hüftprobleme, Prostatareizung, Kreuzschmerzen, Beinschmerzen, Knie- und Fußprobleme.

Seelische Folgen: Schüchternheit, Minderwertigkeitsgefühl, Urangst, Alpträume, Autismus, Aufmerksamkeitsstörungen wie ADS oder ADHS, Wachstumsstörungen, Schlafstörungen.

Sinnvolle Übungen zur Stärkung der Beckenregion: Trommeln, Tanzen, Barfußlaufen, Kickboxen, Spaziergänge im Sand, Gehen, Erotik, Gymnastikübungen für den Po und die Beine. Tragt rote Schuhe, Socken, Unterwäsche. Malt eure Füße auf zwei Blatt Papier. Füllt diese Blätter mit euren Fähigkeiten. Macht euch das bewusst, was ihr gut könnt. Stärkt eure Stärken. Umgebt euch mit Düften, die euch betören. Wählt ein Parfüm für jeden Tag, das eurer Nase zusagt. Macht euch gedanklich den Stier zu eigen: Ein Kraftpaket mit Hörnern. Der kann sich wehren, seinen Platz verteidigen. Der grast friedlich auf seiner Wiese, weil er weiß, dass er dorthin gehört. An ihm nagen keine Zweifel, weil er ein Stier ist. Er ist und das ist genug.

Etage 2 – die Region des Unterbauchs

Farbe: Orange, Symboltier Drache
Sinnesqualität: Geschmack
Qualitäten: Gelassenheit, Sicherheit, Umgang mit
                      Stress
Lebensphasen: 7–14 Jahre und die Jahre zwischen 56
                      und 63

In der Schulzeit müssen wir uns in einen Klassenverband einfügen und dort unseren Platz finden. Wir werden damit konfrontiert, dass wir nicht alle Lektionen gleichermaßen leicht lernen. Manches mögen wir mehr, anderes weniger. Klassenarbeiten sind für viele ein Horror, der pure Stress. Andere lieben den (sportlichen) Wettbewerb und fühlen sich durch die Konkurrenz angeregt.

In der Zeit von 56 bis 63 geht es darum, dass wir uns überlegen, wofür wir unsere Energie noch einsetzen wollen. Welche Ziele und Projekte sind es wert, dass wir uns noch einmal unter Druck setzen? Was können wir gelassen sein lassen? Wie viel Energie wollen wir beruflich noch einsetzen? Oder planen wir schon den vorgezogenen Ruhestand mit anderen Abenteuern?

Trauma in dieser Phase: Ausgrenzung in der Klasse mit Mobbing, auch Cybermobbing und Shitstorm, Schulversagen, Ärger mit Lehrern, viele Umzüge, Stress in der Familie durch Armut oder Arbeitslosigkeit.

Körperliche Folgen: Darmentzündungen (Colitis, M. Crohn), Durchfall, Verstopfung, Kreuzschmerz, Bandscheibenvorfälle im Lendenbereich, Nierenprobleme, Bluthochdruck, Störungen des Immunsystems, Erkältungsanfälligkeit, Allergien, Ekzeme, Neurodermitis.

Seelische Folgen: Stress, Burn-Out, Erschöpfung, Existenzangst, Depression, Manien, Drogenabhängigkeit, v.a. Kokain.

Sinnvolle Übungen zur Stärkung der Unterbauchregion: Fragt euch, welcher Stress auch in 5 Jahren noch wichtig ist. Alles andere ist Tagesgeschäft – keine Energie hineingeben. Beobachtet genau, was euch betrifft und was euch angeht. Wo ihr kein Machtmittel habt oder einen

Hebel ansetzen könnt, lasst gelassen geschehen. Bei allem, was von euch Aktion verlangt, werdet tätig. Atmet gefühlt mehr aus als ein … lasst Dampf ab! Lernt eine Entspannungstechnik, die euch zusagt – und übt sie täglich. Steter Tropfen höhlt den Stein.

Dazu passt auch das Sprichwort: Gib mir die Kraft, Dinge zu verändern, die ich verändern kann. Gib mir die Gelassenheit, Dinge hinzunehmen, die ich nicht verändern kann. Und gib mir die Weisheit, das eine vom anderen zu unterscheiden!

Kocht euch Speisen, die euch schmecken, würzt sie mit Liebe und nehmt euch Zeit dafür.

Kleidet euch nach eurem Geschmack und lasst das Diktat der Modezeitschriften hinter euch. Ihr dürft eure Vorstellungen wahr werden lassen. Jede von uns ist einzigartig. Darum gibt es auch keine Konkurrenz und auch keinen Anlass für Neidgefühle.

Etage 3 – die Region des Oberbauchs

Farbe:	Gelb, Symboltier Löwin
Sinnesqualität:	Sehen
Qualitäten:	Verdauen, Loslassen, Dynamik, Feuer der Leber, Respekt fordern, Abgrenzung, Terrain markieren
Lebensphasen:	14–21 Jahre und die Jahre zwischen 63 und 70

Im jungen Erwachsenenalter werden wir so langsam flügge. Wir verlieben uns, beginnen eine Ausbildung, studieren und erlernen einen Beruf. Wir werden immer eigenständiger und wissen, was wir wollen und was nicht. Wir gestalten unser Zimmer, später unsere Bude nach den eigenen Wünschen und Vorstellungen. Wir fangen an, unsere Meinung klar zu sagen und auch gegen Kritik zu verteidigen. Wir wollen respektiert werden, so wie wir sind. Manchmal müssen wir auch schmerzhaft lernen, dass wir selbst zuständig sind für unser Wohlbefinden (Selbstfürsorge) und uns gegen Ausbeutung wehren lernen müssen.

In der Zeit von 63 bis 70 stehen uns oft Enkelkinder ins Haus und wir dürfen ihnen beim Wachsen und Gedeihen zuschauen, sie verwöhnen und mit unserer Liebe füttern (auch mit Süßigkeiten!) In diese Phase fallen auch der Abschied vom Beruf, das Loslassen alter Kompetenzen und der Aufbruch in eine neue Lebensphase. Wir können jetzt respektvoll Nein sagen und unsere Grenzen verteidigen. Wir dürfen uns erlauben, nur dort mit „Feuer und Flamme" dabei zu sein, wo unser Geben und Nehmen geschätzt und gewürdigt wird. Bezüglich unseres Freundeskreises dürfen wir wählerischer werden und diejenigen in Frieden ziehen lassen, die uns nicht oder nicht mehr guttun.

Trauma in dieser Phase: Arbeitslosigkeit, Scheidung, Tod des Ehepartners, Einsamkeit, Ausbeutung in Beruf oder Familie, schwere Krankheit, Überforderung bei der Pflege der eigenen Eltern oder der Aufsicht der eigenen Enkelkinder.

Körperliche Folgen: Diabetes mellitus, Gallensteine, Magenleiden, Verdauungsprobleme, Leberschwäche,

Pankreatitis, Übergewicht, Bulimie, Anorexie, Cholesterinstörungen, Eisenmangel.

Seelische Folgen: Süchte, v.a. Alkohol, Medikamente, Essen, Depression, Erschöpfungssyndrome, chronische Müdigkeit.

Sinnvolle Übungen zur Stärkung der Oberbauchregion: Bauchmuskelübungen überkreuz, Hechelatem, der den Bauchnabel hüpfen lässt. Seid wählerisch mit dem Essen. Esst nur noch, was euch schmeckt. Esst langsam und kaut jeden Bissen mindestens 20 Mal. Genießt einen guten Rotwein oder Wermut. Gönnt euch etwas außer der Reihe. Lobt euch dafür, dass ihr euch fürsorglich behandelt. Legt das schlechte Gewissen ein für alle Mal ab! Füttert nicht nur den Körper, sondern auch die Seele und euren Geist. Die brauchen auch Nahrung! Wählt dafür Bilder oder Filme, die euch freuen und aufbauen. Nährt auch andere, sofern das in euren Kräften steht. Teilt euer Können, euer Wissen, eure Erfahrung. Nehmt aber auch, was euch zusteht. Lasst die Vergangenheit los. Wehrt euch gegen Ausbeutung. Lernt, Nein zu sagen. Markiert euer Terrain, fordert Respekt von euren Mitmenschen.

Etage 4 – die Region des Herzens

Farbe:	Grün, Symboltier Taube
Sinnesqualität:	Berührung
Qualitäten:	Vertrauen zu anderen, Hoffnung, Zuversicht, Freude, Humor, Dankbarkeit, Liebe
Lebensphasen:	21–28 Jahre und die Jahre zwischen 70 und 77

In der jungen Erwachsenenzeit etablieren wir uns im Beruf, den wir voll Vertrauen ergriffen haben. Wir hoffen, dass er uns lebenslang Freude machen wird und uns erfüllt. Zeitgleich suchen wir den Partner fürs Leben, heiraten und bekommen Kinder (Scheidungen und Trennungen im

Sinne von Versuch und Irrtum inklusive).

Ab 70 dürfen wir, sofern wir so alt werden, in Dankbarkeit zurückblicken auf die vielen Momente von Freude, Glück und Zufriedenheit, die das Leben uns beschert hat. Die schmerzhaften Lektionen, die wir lernen mussten, können nun als Impulse gewürdigt werden, die uns zu dem gemacht haben, was wir sind – gemäß dem Motto: Was uns nicht umbringt, macht uns stärker. Wir können im besten Fall lachend auf die früheren Ängste zurückschauen und mutige, kraftvolle Großmütter und Großväter sein. Den folgenden Generationen können wir unseren Humor mitgeben (auch dann zu lächeln, wenn die Tränen näher liegen) und unsere Lieben oft in den Arm nehmen.

Trauma in dieser Phase: Arbeitslosigkeit, Scheidung, Trennung, Fehlgeburten, Tod des Partners, eines Kindes oder der Eltern, Umzug, berufliche Überforderung oder Mobbing.

Körperliche Folgen: Herzinfarkt, Asthma bronchiale, chronische Bronchitis, Atemnot, Brustkrebs, Lungenkrebs, Kreuzschmerzen, Scheuermann-Krankheit, Skoliose, Störungen des Immunsystems, Neurodermitis, Hauterkrankungen, Allergien.

Seelische Folgen: Angst, Stress, Herzneurose, Verzweiflung, Depression, Suchterkrankungen, v.a. Rauchen, Melancholie.

Sinnvolle Übungen zur Stärkung der Herzregion: Beklopft euren Thymus – die Stelle über dem Brustbein. Lasst die Schultern nach hinten und unten fallen – dehnt die Brustmuskeln. Vertraut eurem Herzen – es hat deutlich mehr Energie als der Kopf. Die „Herzentscheidungen" sind stets die besten.

Wenn euch Ereignisse zu „Herzen" gegangen sind, euch jemand verletzt, gekränkt, beleidigt oder enttäuscht hat, wäre jetzt eine gute Gelegenheit, sich den Kummer von der Seele zu schreiben. Schreibt einfach einen Brief, den ihr nie absenden müsst. Bringt darin alles zu Papier und zum Ausdruck, was euch damals wehgetan hat. Ihr dürft je nach Umstand den „Herzensbrecher" auch wüst beschimpfen, in schriftlicher Form. Anschließend lasst den Groll, den Kummer oder die Enttäuschung los – verbrennt sie mitsamt dem Brief und streut die Asche im Wald aus. Ihr werdet spüren, wie gut das tut und wie entlastet ihr euch fühlen werdet.

Positive Briefe schreiben ist auch eine gute Sache. Sicherlich gibt es auch in eurem Leben Menschen, denen ihr danken möchtet, die ihr mögt oder liebt. Sagt es ihnen – per Brief, Telefon, eMail, SMS oder direkt. Jeder Ausdruck von Zuneigung, den ihr verteilt, stärkt auch eure seelische Mitte und kommt als Freude zu euch zurück.

Gönnt euch eine Massage, geht tanzen und lasst euch berühren. Umarmt einander oft und herzlich. Streichelt eure Lieben, spendet Trost, wo er gebraucht wird. Behandelt eure Haut pfleglich, auch mit einer Schlammpackung, einem Moor oder im Dampfbad.

Etage 5 – die Region des Halses

Farbe:	Türkis oder Hellblau, Symboltier Delphin
Sinnesqualität:	Gehör
Qualitäten:	Kommunikation, Ehrlichkeit, Verantwortung
Lebensphasen:	28–35 Jahre und die Jahre zwischen 77 und 84

Das mittlere Erwachsenenalter verlangt am meisten von uns. Jetzt müssen wir im Beruf unsere Frau stehen, haben daneben aber noch viele andere Rollen zu erfüllen: Hausfrau, Mutter, Nachbarin, Freundin, Tochter, Kollegin, Geliebte, Chefin oder Untergebene, Mitglied im Verein, der Partei, dem Elternbeirat. Dabei sind je nach Situation Flexibilität und gute kommunikative Fähigkeiten von uns gefordert, wenn wir unsere Wahrheit an den Mann bringen wollen. Am besten lassen wir uns dabei von unserer Intuition leiten, dem Bauchgefühl. Der erste Impuls ist meist der beste, wenn es gilt, an ein Problem heranzugehen. Wir dürfen auch lernen, dass wir selbst immer genau die Suppe auszulöffeln haben, die wir uns selbst eingebrockt haben. Wir begreifen, dass unser Denken und Fühlen und das darauf resultierende Handeln in unserer eigenen Verantwortung liegt. Kein anderer ist schuld an unserem Elend – das erkennen wir, wenn wir zu uns ehrlich sind. Und dann gilt es, klare Ansagen zu machen, damit unsere Mitmenschen wissen, woran sie mit uns sind. Nicht immer werden alle begeistert sein, wenn wir uns meinungsmäßig „outen". Aber klare Aussagen helfen sehr, die Debatten zu klären und Lösungen zu finden, die für fast alle akzeptabel sind. Hilfreich dabei ist immer der Satz: *Was du nicht willst, das man dir tu, das füg auch keinem anderen zu.*

Diese Maxime ist eine gute Leitlinie für das eigene Leben.

In der Zeit von 77 bis 84 spüren viele Menschen den Wunsch in sich, ihre Erinnerungen aufzuschreiben. Ob es Memoiren sind, Gedichte oder „nur" Kindheitsereignisse, die prägend waren – allen gemeinsam ist der Wunsch, sich mitzuteilen. Es lohnt sich durchaus, der „alten Oma" aufmerksam zu lauschen, wenn sie berichtet, wie ihre Jugendtage waren. Manche Wahrheiten sind einfach zeitlos – und oft wiederholt sich Geschichte, wenn wir genau hinhören. Die Weisheit des Alters kann uns auch helfen, immer wieder Lösungen zu finden, die Herz und Hirn gleichermaßen zu ihrem Recht kommen lassen. Ich habe den Satz „Dein Müssen und dein Mögen, die stehen sich oft entgegen.

Du tust am besten, wenn du tust, nicht was du willst, nein, was du musst" oft verflucht. Im Rückblick darf ich aber sagen, dass er nicht immer verkehrt ist. Es kann hilfreich sein im Leben, wenn wir die eigenen Wünsche und Impulse auch einmal zügeln können zugunsten von dem, was man im Allgemeinen Frustrationstoleranz nennt. Verzichten können, Aufschub aushalten können, erst die Arbeit, dann das Vergnügen leben können formt den Charakter – auch wenn das im ersten Moment schrecklich uncool klingt.

Unsere Elterngeneration hat es uns vorgelebt. Wir können daraus das Gute mitnehmen.

Trauma in dieser Phase: Demütigung, Mobbing, Tod des Partners, Entfremdung von den Kindern (familiäre Sprachlosigkeit).

Körperliche Folgen: Tinnitus, Hörsturz, Mittelohrentzündung, Kieferprobleme, Knirschen, Angina, Seitenstrangangina, Nackenschmerzen, Bandscheibenvorfälle im Halsbereich, Heiserkeit, Sprach- und Stimmstörungen, Rheuma, Parodontitis, Arthrose, Schwerhörigkeit.

Seelische Folgen: Schüchternheit, Lampenfieber, Sozial-phobie, Einsamkeit, Aphasie, Demenz mit Verstummen.

Sinnvolle Übungen zur Stärkung der Halsregion: Macht Yoga-Übungen für die Nackenmuskeln, dehnt und streckt sie. Singt aus voller Kehle, am besten zusammen mit anderen in einem Chor. Lest laut, pfeift (auch auf den Ernst des Lebens), begebt euch ins Wasser und lasst euch dort tragen. Macht euch aber auch klar, dass der Hals die Engstelle zwischen Herz und Hirn ist.

Oft sprechen Herz und Hirn zu wenig miteinander. Dann wird es Zeit, sich innerlich vom Entweder-oder zu verabschieden. Viel besser ist das „Sowohl-als-auch". Dann kommen Verstand und Fühlen beide zu ihrem Recht. Der Hals will Ehrlichkeit von uns. Wir sollen Verantwortung übernehmen für unser Denken, unsere Gefühle und für unser Handeln. Da wir immer nur Einfluss auf uns selbst nehmen können, gilt es, zur Chefin über sich selbst zu werden. Nicht andere Menschen sind „schuld" an unserem Elend. Wir können und dürfen uns aus der Opferrolle verabschieden. Ab sofort bestimmen wir selbst, was wir denken wollen. Wir legen auch fest, welche Gefühle wir in uns verstärken wollen und welchen wir keine Energienahrung mehr geben. So kommen wir dann Schritt für Schritt zu Handlungsweisen, die uns gut tun. Macht klare Ansagen auf die Gefahr hin, dass ihr dann nicht mehr „Everybody's darling" seid. Wenn ihr ein klares Nein von euch gebt, wissen alle anderen um euch herum ganz genau, wo ihr steht und was ihr wollt. Das heißt dann nicht automatisch, dass wir all das, was wir wollen, auch sofort bekommen. Aber wir sind klarer geworden und bekommen so auch mehr Respekt entgegen gebracht.

Nehmt euch die Zeit für ein Hörbuch, lauscht angenehmen Stimmen. Wer sich selbst für zu unmusikalisch hält, um zu trällern, gehe in ein Konzert. Nicht nur Klassik, auch Pop oder Jazz ist okay!

Etage 6 – die Region der Stirn

Farbe: Dunkelblau, Symboltier Katze
Sinnesqualität: Sechster Sinn, Intuition
Qualitäten: Balance, Harmonie, Geduld, Rhythmus
Lebensphasen: 35–42 Jahre und die Jahre zwischen 84 und 91

„Midlife-Crisis" nennt der Volksmund die Zeit ab 35. Wir beginnen jetzt mehr und mehr, uns dem zu öffnen, was jenseits unserer üblichen fünf Sinne liegt und üben unsere Intuition. Wir wollen wesentlicher werden, unseren wahren Rhythmus leben. Dies erfordert aber oft, dass wir zu viele Dinge unter einen Hut bringen müssen und es uns nicht sofort gelingt, die perfekte Balance in uns zu finden.

So werden wir ungeduldig mit uns selbst, rastlos und unduldsam. Es kann helfen, sich in Erinnerung zu rufen, dass das Gras auch nicht schneller wächst, wenn wir daran ziehen. So wie der Sommer dem Frühling folgt und vom Herbst abgelöst wird, so entwickeln wir uns auch selbst in unserem eigenen Tempo. Dabei kommt viel in Bewegung, wenn wir der inneren klugen Katze folgen wollen. Sie will neben dem Jagen auch Zeit zum Dösen. Sie ist unabhängig von den Wünschen anderer und kommt nur zum Schmusen, wenn sie will. Sie ist geschickt, fällt immer auf die Füße und zeigt ihre Krallen, wenn es nötig ist.

Im hohen Alter leben wir fast automatisch unseren Rhythmus. Wer dann noch selbstständig ist, lässt sich die Zeit zum Ruhen, die der Organismus benötigt und hetzt sich nicht mehr. Termine werden in Ruhe geplant, eher weniger als mehr. Der Geist geht auf Wanderschaft, manchmal in die Demenz, manchmal aber auch ins Gespräch mit den Engeln und geistigen Wesen, die sonst keiner sieht und wahrnimmt. So kann sich der Mensch darauf vorbereiten, allmählich die Aufregungen des Lebens hinter sich zu lassen.

Trauma in dieser Phase: Alles, was schon genannt wurde.

Körperliche Folgen: Sehstörungen, Migräne, Trigeminusneuralgie, Nasennebenhöhlenentzündung, Zahnkieferprobleme, Gehirnhautentzündung.

Seelische Folgen: Depression, Erschöpfung, Kopfängste, Sinnkrisen.

Sinnvolle Übungen zur Stärkung der Stirnregion: Es muss ja nicht gleich die Panchakarmakur in Indien sein, mit den vielen Ölgüssen auf den Kopf. Es genügt oft schon, wenn ihr euch selbst Zeit lasst. Tut das, was der Alltag fordert, einmal ganz bewusst langsam. Seid geduldig mit euch. Macht euch den Satz zum Tagesmotto: Ich darf Pausen machen! Oder: Morgen ist auch noch ein Tag! Oder: Weniger ist mehr! Oder: In der Ruhe liegt die Kraft! Beobachtet einmal spielerisch, welche Idee euch bei einer Aufgabe als erste kommt. Dann vertraut dieser Idee, die oft der Intuition entspringt. Dieser „sechste Sinn" ist viel schneller als unser Verstand und überrascht uns mit kreativen Lösungen.

Meine Lieblingsübung ist „Ruhe im Kopf". Legt eine Hand auf euren Hinterkopf, die andere auf die Stirn. Schließt die Augen und stellt euch vor, dass alle Gedanken, die euch jetzt vielleicht belasten könnten, vom Hinterkopf Richtung Stirn marschieren. Dabei dürft ihr eurer Phantasie freien Raum lassen. Der Weg kann ein Trampelpfad sein, in jeder Farbe, die euch gefällt – es darf aber auch eine vierspurige Autobahn sein oder ein Waldweg. Egal, Hauptsache, die Gedankenformen setzen sich darauf in Bewegung. Sobald ihr spürt, dass alle Gedanken vorne an der Stirn angekommen sind, nehmt die vordere Hand weg und lasst die Gedanken quasi aus dem Kopf herauspurzeln.

Das Ganze dauert keine fünf Minuten, ist aber extrem entspannend.

Andere gute Übungen zum „Abschalten" sind alle Balanceübungen. Gehen auf der Slackline, Balancieren auf einem Baumstamm, Bogenschießen, Dartspielen, Malen, Zeichnen, Basteln, alle kreativen Hobbies erfordern Konzentration auf das, was gerade getan wird. So bleibt kein Raum für andere, lästige Gedanken. Auf diese Art kann der Kopf ruhiger werden und der innere Stress wird geringer.

Etage 7 – die Region des Gehirns

Farbe:	Lila oder weiß, Symboltier Pferd, Pegasus
Sinnesqualität:	Bewusstheit
Qualitäten:	Sinn, Gebote, Verbote, Ziele erreichen, spirituelle Entwicklung, Schutzengel
Lebensphasen:	42–49 Jahre und die Jahre zwischen 91 und 98

In der Zeit von 42 bis 49 sind wir mittendrin im Tapetenwechsel. Jetzt dürfen und sollen wir intensiv am Lack kratzen. Auf dem Prüfstand stehen jetzt alle bisherigen Gebote, Vorschriften und Verbote, die wir nach Lust und Laune sezieren dürfen. Mitgenommen in die nächste

Lebensphase wird nur das, was uns taugt. Nur, was sich bewährt hat, darf mit ins leichte Gepäck für die anstehende Reise. Immer wieder sind wir aufgefordert, die Frage zu stellen, ob dies oder jenes sinnvoll ist für uns. Nutzt es mir, tut es mir gut? Hilft es mir, meine Ziele zu erreichen? Jetzt kündigt sich an, dass wir nicht nur nach außen leben – für die anderen, den Beruf, den Erfolg. Wir leben auch, um uns um die Entwicklung unseres Geistes zu kümmern, unseren „Spirit".

Es ist normal und gehört in dieser Phase dazu, dass wir uns Gedanken machen darüber, wo wir herkommen und wo wir hingehen, wenn dieses Erdenleben vorüber ist. Ich finde es sehr tröstlich, mir vorzustellen, dass ich mindestens einen persönlichen Schutzengel habe, der meinen Lebensweg begleitet und mich leitet. Zu wissen, dass dieses schöne Spiel Leben einmal ein Ende hat, hilft mir, noch bewusster zu genießen und dankbar zu sein für all das, was mir immer wieder begegnet an Freuden, Freunden, Anregungen, Hinweisen und Fügungen.

Trauma in dieser Phase: Alle schon genannten.

Körperliche Folgen: Schlafstörungen, Schmerzen aller Art, Parkinson, Gehstörungen, Schlaganfall, Demenz, Alzheimer, Hirnblutung, Epilepsie, Alpträume.

Seelische Folgen: Psychose, Schizophrenie, Süchte, v.a. halluzinogene Drogen.

Sinnvolle Übungen zur Stärkung der Scheitelregion: Gedankenreise durch den Körper machen. Das geht abends vor dem Einschlafen prima. Legt euch entspannt auf den Rücken und atmet ruhig. Geht dann in Gedanken durch den ganzen Körper, von der kleinen Zehe bis zu den Haarspitzen. Streichelt in Gedanken alle Organe und dankt ihnen für ihre stete Arbeit. Wenn ihr irgendwo Schmerzen habt oder ein Organproblem, bleibt an den Stellen bewusst länger und atmet in eurer Vorstellung weißes Licht dorthin. Malt oder zeichnet euren persönlichen „Schutzengel" und bittet ihn um Unterstützung für euren Alltag.

Schreibt auf große Blätter, welche Vorschriften eurer Vergangenheit ab jetzt keine Gültigkeit mehr haben sollen. Bewährt hat sich, diese Sätze beginnen zu lassen mit

- ➢ Du musst ... (außer Atmen und Steuern zahlen gibt es nicht viel, was wirklich muss)
- ➢ Du solltest ... (wer sagt das? Und was bezweckt er damit?)
- ➢ Du kannst nicht ... (echt, wirklich? Warum denn nicht?)
- ➢ Du darfst nicht ... (was passiert dann?)
- ➢ Du hast es nicht verdient ... (oh, schlimmes Mädchen! – denk mal um)

Wenn ihr damit fertig seid, macht Wahrheitsprüfung mit diesen Sätzen unter dem Motto:

Ist es für mich immer noch sinnvoll und dienlich, mich so zu verhalten?

Solltet ihr feststellen, dass diese Gebote oder Verbote für euch nicht mehr taugen, ersetzt sie durch neue Sätze:

- ➢ Ich will jetzt ...
- ➢ Ich kann ...
- ➢ Ich erlaube mir ...
- ➢ Ich bin es wert ...
- ➢ Ich bin bereit ...
- ➢ Ich darf gefahrlos für mich und andere ...
- ➢ Ich lasse zu ...
- ➢ Ich mache jetzt ...

Sehr effektvoll ist auch das Führen eines Glückstagebuchs. Täglich dürfen dort drei Dinge vermerkt werden, die uns glücklich, zufrieden und freudig gestimmt haben.

Nach und nach stärken sich so die positiven Gedanken und Gefühle. Wir nehmen die Welt bewusster wahr. Wir werden dankbarer, gelassener und zuversichtlicher.

Macht euch einfach klar, dass unsere Gedanken eine große Macht haben. Sie können nicht nur unsere Stimmung verändern, sie können sogar Einfluss nehmen auf unsere Gene. Die Art, wie wir Ereignisse unseres Lebens verarbeiten und bewerten, hat Auswirkungen auf unser Immunsystem. Wer dankbar ist, zufrieden und glücklich, hat eine große Chance, dass im Körper die gesunden Gene eingeschaltet werden. Die krank machenden Gene (jede von uns hat solche!) bleiben dann passiv und kommen nicht zur Geltung.

Stellt euch vor: Alle Krankheiten, von denen uns eingeredet wurde, sie seien erblich, können beeinflusst werden. Wir müssen uns nicht wegen ein paar Brustkrebsgenen die Brüste vorsorglich amputieren lassen wie Angelina Jolie. Wir können stattdessen unser Gehirn mit seiner großen „Festplatte„ neu bespielen und dabei das Programm „gesund und glücklich" wählen.

Auch wenn sich das noch nicht bei allen Medizinern herumgesprochen hat – die Möglichkeiten des Geistes sind nahezu unbegrenzt. Grund genug, sich mit ein paar geistigen Gesetzen zu befassen.

Wo geht die Reise hin?

Dass wir uns geistig mit dem Älterwerden beschäftigen sollten, ist vollkommen unstrittig. Wir müssten schon ziemliche Scheuklappen haben, um zu ignorieren, dass unsere Gesellschaft zunehmend älter wird. Nicht nur die Kosten für die Renten steigen. Auch die Zahl der Pflegebedürftigen, Dementen, Diabetiker, Hochdruckkranken, Opfer von Herzinfarkt, Schlaganfall und Krebs in allen Spielarten steigt.

Wir wollen sicher nicht zum Heer derer gehören, die auf fremde Hilfe angewiesen sind. Darum lohnt es sich, dass wir uns beizeiten Gedanken machen, wie wir den nächsten Lebensabschnitt gestalten möchten. Mit Mitte 40 sind wir üblicherweise noch nicht am Ende angelangt.

Als ich ein Teenager war, habe ich mir einmal ausgerechnet, dass ich im Jahr 2000 stolze 44 Jahre alt wäre. Das konnte ich mir beim besten Willen nicht vorstellen – so alt! Ich dachte immer, das erlebe ich nicht. Dann wäre das Leben unweigerlich zu Ende, langweilig, uralt, völlig perspektivlos. Das Jahr 2000 kam und ging. Immer noch lebt in mir diese junge Person. Immer noch mache ich mir Gedanken über dies und das. Immer noch finde ich das Leben aufregend und anregend – und das hoffentlich noch ganz lange.

Viele der Frauen, mit denen ich vor dem Schreiben des Buches gesprochen habe, äußerten Sätze wie

- ➢ Was ist denn der Sinn des Alterns?
- ➢ Wie gehe ich mit den Abschieden um?
- ➢ Welche Aufgaben können mir Halt geben?
- ➢ Welche Rituale können den Übergang erleichtern?

Darum möchte ich zunächst die vielen Vorteile der Tapetenwechseljahre beleuchten. Die werden zu häufig unterschlagen.

Was ist gut an den Wechseljahren?

Hier lasse ich erst einmal meine Freundin *Annette* zu Wort kommen, die mir schrieb:

Sterben müssen wir alle – das ist klar. Aber das ist kein Grund, Trübsal zu blasen. Wir müssen jetzt keine Weibchen mehr sein, die zu allem Ja und Amen sagen. Wir können gelassener sein, wir müssen nicht mehr perfekt sein – gut genug reicht völlig. Und hurra, wir haben keine lästigen Blutungen mehr, keine Regelschmerzen. Wir können in Urlaub gehen, wenn wir wollen – schwimmen ist jetzt jeden Tag möglich. Keine Angst mehr vor unerwünschter Schwangerschaft. Jetzt dürfen wir das starke innere Mädchen aus der Kindheit leben, wir müssen keinem mehr ums Verrecken gefallen – außer uns selbst! Wir müssen nicht mehr alles mitmachen, manches kennen wir schon und brauchen es nicht mehr. Wir dürfen Kraftanstrengungen delegieren und die Jungen machen lassen. Wir haben keine zyklischen Schwankungen mehr, sondern können jeden Tag genießen.

Ich möchte noch ergänzen: Wir müssen unsere Daseinsberechtigung nicht mehr ständig unter Beweis stellen. Dass wir etwas können, haben wir jahrelang auf die unterschiedlichsten Arten und Weisen gelebt: Ob Kinder, Haushalt, Garten, Beruf, Pflege des Freundeskreises, diverse Hobbies, offenes Ohr für die Familie, die Nachbarn und Freunde, soziales oder politisches Engagement, Fortbildungen aller Art ...

Spätestens ab 50 ist Zeit der Ernte – auch energetisch.

Und Ernte heißt für mich: Fülle, Erfahrung, Humor, weniger Stress, keinen so großen Druck mehr, mehr Geduld mit sich selbst, Wahlmöglichkeiten haben, gelassen Dinge geschehen lassen, loslassen dürfen, frei sein.

Die Kinder sind aus dem Haus, die eigenen Interessen und Wünsche haben jetzt mehr Raum. Konkret kann das ehemalige Kinderzimmer in ein Zimmer nur für uns umgewandelt werden. So haben wir einen Rückzugsraum, wenn uns das Fernsehprogramm nicht interessiert. Wir können dort ungestört lesen, meditieren, malen, basteln,

Yoga machen, schreien oder uns bunt anmalen.

Was ist negativ an diesen Jahren?

Die Regelblutung wird unregelmäßig und hört schließlich ganz auf. Der Schlaf wird oberflächlicher. Wir erwachen viel früher als sonst. Die Wallungen halten uns auf Trab. Die Haut wird faltiger, das Haupthaar dünner, dafür sprießen die „Hexenhaare" am Kinn. Jede Nacht müssen wir ein- bis zweimal aufstehen, weil die Blase drückt. Die Figur verändert sich und fragt uns nicht um Erlaubnis. Wir können uns phasenweise selbst nicht mehr leiden. Wir haben keine Lust mehr auf Sex. Wir fühlen uns weniger belastbar. Der Abschied vom Frühling des Lebens schmerzt.

Je nachdem, was uns in den Jahren zuvor gelungen ist, fällt dieser Abschied leichter oder tränenreicher aus. Es wird uns bewusst, dass wir keine Stunde zurückholen können.

Was vorbei ist, ist vorbei!

Mutter Natur lässt nicht mit sich verhandeln. Sie hat jetzt andere Aufgaben für uns und zerrt uns weg vom Spiegel. Die Kinder gehen ihren eigenen Weg. Unsere Fähigkeiten als „Multi-Tasking-Mama" werden nicht mehr in dem Maße benötigt wie früher. Unsere eigenen Eltern sterben oder werden pflegebedürftig. Wir werden zuweilen unsanft aus der Kinderrolle geschubst.

Zeitgleich wird uns bewusst, dass wir schon mehr

Leben hinter uns als vor uns haben. Wie sollen und wollen wir weitermachen? Das Leben plätschert nicht mehr so gemütlich dahin, es ähnelt eher einer Wildwasserstrecke, Abtauchen inklusive.

Zeit also, sich auf den Weg zu machen und nach dem Sinn zu suchen.

Sinnsuche in Zeiten des leeren Nestes

Solange unsere Kinder zu Hause sind, gibt es meist genügend Umtrieb. Da ist Mama mit Kochen, Backen, Waschen und Bügeln beschäftigt, damit, die diversen Hobbies der Kinder zu koordinieren, Chauffeuse zu sein, ebenso wie Beraterin in Stilfragen und Trösterin beim unvermeidlichen ersten Liebeskummer. Es bleibt kaum Zeit, sich um sich selbst und den ebenfalls klammheimlich älter werdenden Gatten zu kümmern. Wenn es gut geht, läuft der Familienbetrieb einigermaßen reibungslos. Die Eltern sind ein eingespieltes Team mit festgelegten Rollen.

Wenn es nicht so gut geht, befindet sich die Frau schon seit Jahren in der Rolle der alleinerziehenden Mutter. Der Vater des Kindes oder der Kinder ist im glückhaften Fall präsent und übernimmt neben einem Teil der Finanzierung auch Verantwortung für seine Kinder.

Im schlechteren Fall lebt der Erzeuger sein Leben und kümmert sich kein Stück um seine Nachfahren – alles hängt dann an Mutti. Nicht von ungefähr fühlen sich viele dieser „Single Mums" über weite Strecken ihres Lebens ständig am Rande des Zusammenbruchs. Sie leben jeden Tag den Spagat zwischen Haushalt, Kindern, Beruf, Hobbies der Kinder, den wohlgemeinten Ratschlägen der Familie und der Nachbarn. Eigene Interessen müssen vertagt werden oder kommen erst dann dran, wenn alles andere einigermaßen läuft.

Und dann kommt der Tag, an dem der Sohn das Haus verlässt, um studieren zu gehen. Oder die Tochter macht eine Ausbildung weit weg von zu Hause.

Das Nest, in dem es zuvor ständig zwitscherte und das gefüllt war mit hungrigen Mäulern, ist mit einem Mal leer und verlassen.

Die bisherige Rolle der allseits verfügbaren Mama funktioniert nicht mehr. Es ist keiner mehr da, der Mamas Alltag füllt.

So ging es meiner Patientin *Iris, die nach dem Auszug des jüngsten Sohnes in eine Phase großer Verunsicherung geriet. In der Praxis saß sie mir gegenüber und fragte mich: Was mache ich jetzt? Womit fülle ich meine Zeit? Wozu bin ich noch nütze?*

Vielen Frauen fällt dieser Übergang schwer. Sie fühlen sich leer, wie ihr Haus. Sie zweifeln an ihrem Wert. Ihnen fehlt die Aufgabe, der Sinn. Und gleichzeitig schlagen die Hormone einen Purzelbaum nach dem nächsten.

Darum möchte ich euch einige Ideen liefern, um dem Abschied vielleicht doch etwas Positives abgewinnen zu können.

Endlich habt ihr einen eigenen Raum – das Kinderzimmer steht jetzt frei. Nutzt es und verwandelt es in euren Raum. Dort muss nichts weggepackt werden. Alles darf herumliegen und ihr könnt nach Herzenslust töpfern, malen, gestalten, lesen, Musik hören, meditieren oder wonach euch sonst der Sinn steht.

Ihr könnt aber auch einfach einmal die Türe hinter euch zumachen und gar nichts tun, außer auf euren Herzschlag zu hören. Dort dürft ihr auch ein paar Tränen vergießen, wenn euch danach ist. Das darf sein. Es ist auch okay, für einige Zeit ohne konkretes Ziel dahin zu gondeln.

Die Erziehungszeit ist Schwerstarbeit, danach darf eine „Auszeit" sehr wohl sein. Keine Frau muss von sich verlangen, dass sie sofort einen Plan B in der Tasche hat und umgehend neue Aufgaben vor sich sieht, die sie zügig in Angriff nimmt. Schaltet einen Gang zurück – wenn es sein muss, auch zwei!

Nicht umsonst sagt der Volksmund: In der Ruhe liegt die Kraft.

Kommt erst einmal zur Ruhe, lauscht der Stimme eures Herzens. Lasst euch Raum, hetzt euch nicht. In der Stille kommen euch garantiert die besten Ideen.

Ihr habt jetzt eine zweite Pubertät. Ihr dürft ausprobieren mit der Devise: Versuch und Irrtum. Keiner wird euch verdammen, wenn ihr jetzt eine neue Ausbildung beginnt und dann feststellt, dass das doch nicht euer Ding ist. Brecht es ab und versucht etwas anderes.

Ihr müsstet schon Überfrauen sein, um am Anfang schon genau zu wissen, wohin die Reise jetzt geht. Lernt einfach, eure ehemals haushohen Ansprüche ein wenig tiefer zu hängen. Bleibt neugierig aufs Leben, aber verlangt nicht zu viel von euch.

Nehmt euch viel Zeit, um eure Liste zu machen von dem, was jetzt wirklich wichtig ist für euch.

Vielleicht habt ihr ein großes Bedürfnis nach Ruhe und Zeit zum Nichtstun (doch, sehr legitim!). Es kann aber auch der Wunsch nach Bildung sein. Besucht Kurse bei der Volkshochschule, schreibt euch an der Uni ein. In manchen Städten gibt es sogar „Erwachsenenuniversitäten" mit einem reichhaltigen Angebot.

Gönnt euch zur Belohnung für die Jahre der Kinderaufzucht einen langen Urlaub. Ja, genau den Traumurlaub, den ihr immer vor euch hergeschoben habt.

Macht ihn jetzt! Erlaubt euch eine längere Zeit der Besinnung. Macht es meinetwegen so wie die Autorin des Buches: Eat, pray, love – essen, beten, lieben. (Im

Übrigen bezaubernd verfilmt mit Julia Roberts).

Sofern ihr in jungen Jahren einen Beruf erlernt habt und der Kinder wegen auf Eis gelegt habt: Fangt wieder an! Lernt endlich die Fremdsprache, die ihr schon immer können wolltet. Fragt in eurer Stadt nach, welche Kurse es gibt. Wenn gar nichts geht, werdet selbst aktiv.

Vernetzt euch mit anderen Frauen. Wenn euch die Kommunalpolitik interessiert, lasst euch in den Gemeinderat wählen. Oder engagiert euch bei Greenpeace, der Caritas, dem Roten Kreuz oder bei Plan International. Ihr bringt doch die Jahre an Erfahrung mit, die es braucht, um ein Kleinunternehmen zu leiten (eine Familie!). Wenn euch Kultur interessiert, gründet einen literarischen Salon. Veranstaltet Lesungen mit witzigen Autorinnen. Geht in Ausstellungen, ins Kabarett, in Konzerte. Holt euch das Hirnfutter, das ihr benötigt. Traut euch einfach etwas zu. Das Schlimmste, was passieren kann, ist, dass wir scheitern. Na und? Dann scheitern wir eben lässig. Die meisten Beschränkungen legen wir uns selbst auf. Traut euch, das Unmögliche zu denken. Glaubt an Wunder, dann können sie auch geschehen.

Stürmt die öffentlichen Bibliotheken, lest euch durch alle Werke, für die früher keine Zeit war. Jetzt könnt ihr Nachmittage auf dem Sofa verbringen, wenn euch danach ist. Eure Partner, sofern vorhanden, werden wohl kaum vor dem vollen Kühlschrank verhungern.

Und falls die doch meinen, ihr wäret immer noch für alles verantwortlich, dann ändert die Spielregeln!
Macht euch einfach klar, dass die Anzahl der bereits

gelebten Jahre vermutlich höher ist als die Zahl der Jahre, die noch kommen. Grund genug, jetzt zu beschließen: Ich bin dran!

Wenn ihr jeden Tag so lebt, dass er euch selbst gefällt und zusagt, habt ihr ganz sicher keine Probleme mit Sinnkrise. Denn dann lebt ihr. Intensiv und bewusst.

Ich gebe zu, es erfordert ein bisschen Übung, jeden Tag bewusst zu leben. Manchmal ist die Macht der Gewohnheit anfänglich groß. Ihr wisst aber schon aus dem Kapitel mit dem inneren Schweinehund, dass es nur sechs Wochen täglicher Veränderung braucht, bis eine neue Verhaltensweise auch unbewusst verankert ist. Danach geht es fast von selbst. Und wenn uns diese neue Perspektive nicht gleich gelingt – kein Problem. Wir dürfen jetzt auch lässig scheitern lernen. Die Zeiten der Perfektion sind vorüber. Wir können immer wieder einen Anlauf machen, die alten Zöpfe abzuschneiden und immer echter zu werden. Innere Haltungen sind veränderbar. Wir dürfen jetzt unserem Wesenskern immer näher kommen. Wir dürfen ja zu uns sagen, mit allen unseren Macken. Wir müssen keinem Ideal mehr entsprechen. Der einzige Vergleich, der zulässig ist, ist der Vergleich mit uns selbst – früher und jetzt.

Den Geist mit dem richtigen Futter nähren

In meiner Praxis habe ich es sehr oft mit Menschen zu tun, die ihr Leben als eine endlose Folge von Unglücken betrachten. Pleiten, Pech und Pannen quasi im Abo ... Diese Menschen erleben ihr Glas immer als „halb leer". Ich sehe es als eine meiner Aufgaben an, sie darauf hinzuweisen, dass das gleiche Glas durchaus auch als „halb voll" angesehen werden kann. Die Änderung der Sichtweise kann gewaltige Folgen haben.

Oder ich höre von Frauen, dass sie sich unentwegt sorgen oder Gedanken machen: Über die Kinder, die Nachbarn, die Eltern, den Chef, den Ex, die Politik, die Wirtschaftskrise usw. Diese Endlosschlaufen der Gedanken im Gehirn können bis zur Schlaflosigkeit, zu Alpträumen oder chronischer Erschöpfung führen.

Wir sind uns darüber einig, dass unsere Gedanken im Kopf stattfinden – dort also, wo unser Denkapparat, das Gehirn, zu Hause ist.

Die Art, wie wir denken und uns fühlen, hat Auswirkungen auf unsere Gesundheit und auf unsere Lebensfreude.

Lasst es mich mit einem alten indianischen Märchen verdeutlichen:

Das Märchen von den zwei Wölfen
Seit alter Zeit wissen wir, dass in uns zwei Wölfe leben. Der eine ist unser bester Beschützer. Er will, dass es uns gut geht, dass wir unsere

Talente entfalten und leben können. Er will unser Glück und will uns den guten Weg durchs Leben zeigen. Der andere Wolf will nur unser Verhängnis. Ihm ist daran gelegen, dass wir leiden und unglücklich sind. Er meint es nicht gut mit uns. Es liegt auf der Hand, dass diese beiden Wölfe ständig miteinander kämpfen. Beide können nicht friedlich in uns zusammenleben. Also sind sie ständig miteinander im Streit. Nun die Frage: Welcher der Wölfe wird den Kampf gewinnen?

Na, das ist einfach: Der Wolf, den wir füttern!

Ihr habt es sicher verstanden. Mit unseren Gedanken und Gefühlen füttern wir unser Unterbewusstsein. Ob wir positiv denken und fühlen oder negativ, prägt unser Leben. Es ist fast wie eine Brille auf der Nase. Ist diese grau, erscheint uns die Welt düster. Ist sie bunt, schaut die Welt freundlich aus. Über unser Denken haben wir also Einfluss auf das, was die Welt uns spiegelt.

Betrachten wir *unser Lebensglas als halb leer*, sind wir ständig im Bewusstsein von Mangel. Es ist offenbar zu wenig da, nicht mehr genug Wasser. Das Beste ist schon weg, so will es scheinen. Wer innerlich aber glaubt, dass er immer zu wenig hat, ist *unzufrieden*. Derjenige gerät in eine Spirale negativer Gedanken und fühlt sich schlecht. Beim Vergleich mit anderen meint er, zu kurz gekommen zu sein. Das macht schlechte Stimmung und drückt aufs Gemüt. So geraten wir in eine seelische Schieflage. Ihr wisst ja schon, wenn die Seele leidet, leidet auch das Immunsystem. Dann bekommen wir öfter Erkältungen, leiden an Schmerzen, an Allergien oder gar chronischen Krankheiten. Die sorgen dafür, dass wir nicht mehr alles tun können, was wir uns vorgenommen haben. Darunter leidet dann die Lebensqualität. Alles, was schmerzt, zieht den Gedanken nach sich, dass es schlimmer werden könnte. Die Energie folgt immer der Aufmerksamkeit. Wenn wir also immer das *Negative im Fokus unserer Aufmerksamkeit* haben, wird es sich verstärken und weitere Sorgen und Ängste nach sich ziehen. Angst macht aber eng, nicht nur im Denken, auch im Körper – und dann tut es tatsächlich mehr weh. Ein Teufelskreis.

Wenn es uns hingegen gelingt, *unser Lebensglas als halb voll* anzusehen, geschieht etwas Wundervolles: Wir spüren, dass immer noch genug da ist. Das bewirkt ein Bewusstsein von Fülle, von Reichtum und gelassener Zufriedenheit. Wir sind entspannt und zuversichtlich und freuen uns auf das, was noch kommen mag. Unsere Stimmung ist gut, wir fühlen uns im Lot. Damit geht es auch unserer Abwehr bestens. Viren, Bakterien oder Pilze haben keine Chance bei uns. Wir bleiben gesund und leistungsfähig. Wir können alles unternehmen, was wir uns vorgenommen haben. Dank unserer *guten Laune* gelingen viele Projekte auch viel besser. Das erhöht die Freude – ein Glückskreis.

Wie können wir es schaffen, unser Denken auf die Glücksschiene zu bringen?

Durch stetes Üben!

1. *Es kann äußerst hilfreich sein, alle Ereignisse des Alltags zunächst durch einen Gedankenfilter laufen zu lassen. Ist das, was gerade passiert, mich ärgert oder aufregt, in fünf Jahren noch wichtig?*

Wir werden schnell erkennen, dass viele Vorkommnisse nur momentane Aufregungen sind. Sie sind morgen schon vergessen und vorbei. Mein Kollege *Jürgen* sagt dazu immer bildhaft: „Morgen wird eine andere Sau durchs Dorf getrieben":
   Da ist was Wahres dran. Darum können wir uns darin üben, die Tagesereignisse gelassener zu nehmen – sie nicht mit unserer Energie zu füttern. Wir können uns dafür entscheiden, unsere Kraft künftig nur noch für solche Projekte einzusetzen, die uns auch in fünf Jahren noch begeistern und für die wir brennen.

2. *Dann dürfen wir uns überlegen, was uns wirklich etwas angeht. Wie oft ereifern wir uns über Sachen, die uns nicht betreffen, weil sie außerhalb unseres Einflusses liegen.*

Wir müssen uns den Tag nicht vermiesen, weil die Nachbarin krank ist oder weil unsere Kinder sich telefonisch schon lange nicht gemeldet haben. Wenn uns die Nachbarin am Herzen liegt, dann können wir hinübergehen und fragen, ob sie Hilfe möchte. Wenn wir ein tiefes Bedürfnis nach unseren Kindern haben, können wir selbst zum Telefonhörer greifen und fragen, wie es ihnen geht.

3.   *Wenn wir also feststellen, dass das Ereignis uns selbst betrifft und wir zudem etwas tun oder unterlassen können, damit sich etwas verändert, dann dürfen wir handeln und aktiv werden.*

Bei Dingen, die uns zwar betreffen, auf die wir aber keinen Einfluss haben – wie das Wetter oder die Laune des eigenen Partners – empfiehlt sich Änderung der eigenen Einstellung. Unser Machtbereich endet am Ende unseres Armes. Nur auf uns selbst haben wir Zugriff. Bei allen anderen können wir uns zwar wünschen, dass sie sich so oder anders verhielten, aber wir können es nicht bewirken und schon gar nicht erzwingen. Wenn es also nicht gelingt, mit gutem Zureden oder Wünschen etwas zu bewegen, können wir beschließen, das kuriose Verhalten wie einen Kinofilm anzusehen. Interessant, aber geht vorüber!

4.   *Wann immer wir aktiv gewesen sind, lohnt es sich, anschließend auszuatmen. Damit kehrt der*

Körper wieder in seine Ruhephase zurück und wir bleiben energiemäßig im Lot.

Zum Thema Atmung findet ihr einige Anregungen weiter vorne im Buch. Darum halte ich es hier kurz.

5. *Neben der Aktivität darf bitte auch die Entspannung, das „faul sein dürfen", nicht zu kurz kommen.*

Wenn wir regelmäßig eine Entspannungsmethode betreiben, bleiben wir nachweislich gesünder und fitter. Schöner macht es uns auch, weil wir öfter lächeln. Nur 20 Minuten Meditation sind so erholsam wie sechs Stunden Schlaf, haben Forscher herausgefunden.

Wem Meditieren nicht liegt, der darf gerne auch Yoga machen, Muskelentspannungsübungen, Pilates, Massage mit einem guten Öl oder Nordic Walking mit Lieblingsmusik im Ohr.

Es gibt dazu ein Sprichwort: „Gib mir die Kraft, Dinge zu ändern, die ich verändern kann, gib mir die Gelassenheit, Dinge hinzunehmen, die ich nicht verändern kann und gib mir die Weisheit, das eine vom anderen zu unterscheiden."

Nachdem wir also derart unsere Weisheit trainiert haben, können wir gleich noch ein bisschen weitermachen.

Wir forschen in uns nach den miesen, negativen Gedanken. Sobald wir einen aufgestöbert haben, drehen wir ihn um oder fragen uns selbst:

> ➢ Kann ich das auch anders sehen?
> ➢ Wofür könnte dieses Ereignis gut sein?
> ➢ Wo liegen die Chancen und Möglichkeiten?
> ➢ Kleines Beispiel gefällig?

Gedanke: Es ist schon seit vierzehn Tagen absolutes Scheißwetter, das stinkt mir sehr!

Umkehrung: Im November/Dezember muss es regnen, damit die Bäume genügend Feuchtigkeit im Wurzelwerk haben und die Pflanzen nicht vorzeitig ausknospen. Und wenn es draußen trüb ist, kann ich im Haus alle Kerzen anzünden, mich gemütlich aufs Sofa legen und in Ruhe lesen oder einen Tee trinken. Oder ich mache ein gemütliches Feuer im Kamin.

> *Ich sehe in der Rückschau auf mein bisheriges Leben manches klarer. Scheinbare Katastrophen haben sich im Nachhinein als wundervolle Arrangements des Lebens herausgestellt. Ich gebe zu, dass ich in den Krisen oft nicht in der Lage war, den Widrigkeiten etwas Gutes abzugewinnen. Später aber, mit einigem*

Abstand, fiel es mir aber oft wie Schuppen von den Augen. So erkenne ich heute, dass mich ein gnädiges Schicksal geleitet hat. Manchmal hat es mich heftig geschubst. Manchmal wollte ich durchaus nicht in die Richtung, die für mich vorgezeichnet war – dann tat mein Widerstand weh – vor allem mir selbst! Überall dort, wo ich vertraut habe, ging es leicht. Türen gingen unverhofft auf, ich fand eine nette Bleibe, schrieb ein Buch, das sechs Wochen später einen Verlag fand. Ist das alles nur Zufall? Ich glaube inzwischen, dass sich alles so fügt, wie es sein muss. Es fällt uns zu, was zu uns gehören soll.

Beim Gedankentraining kann es hilfreich sein, zunächst ein Tagebuch zu führen. Darin werden die Gedanken notiert, die uns häufig durch den Kopf gehen. Können wir uns selbst loben? Sind wir mit uns im Reinen? Was wollen wir noch erreichen? Sind wir freundlich zu uns und anderen? Gehen wir respektvoll mit unseren Ressourcen auf der Erde um? Wobei geht uns das Herz auf?

Erwischen wir uns bei negativen Gedankenmustern, können wir ein STOP-Schild in die Gedankenlandschaft rammen.

Dann notieren wir in unserem Tagebuch vielleicht folgende Fragen – als Umkehrung.

> ➤ Was mache ich gerne? Was kann ich gut?
> ➤ Wofür bin ich dankbar? Was habe ich für andere
>   mit Freude getan?
> ➤ Was habe ich heute für mich getan? Was will ich
>   loslassen?
> ➤ Worüber kann ich lachen? Was hoffe ich? Woran
>   glaube ich?

> ➢ So können wir nach und nach unseren Geist auf die Spur bringen, die uns zum halb vollen Glas führt.

Spiritualität – alles esoterisches Zeug oder was?

Wir müssen in der Walpurgisnacht nicht zwingend bei Vollmond über die Waldlichtung hüpfen. Wir müssen nach der Geburt eines Kindes auch nicht die Plazenta aufessen oder gemeinsam menstruieren, um uns ganz als Frauen zu spüren. Die Erkenntnis, dass wir genau so, wie wir sind, richtig sind, kann ein befreiender Anfang sein.

Wenn wir dann noch ein gesundes Urvertrauen entwickeln, dass es den großen Schöpfergeist gibt, sind wir auf gutem Weg. Eine kreative und getragene Spiritualität vertraut darauf, dass wir geführt und beschützt sind.

Wir können alle Weisheitslehren der Welt zu Hilfe nehmen. Wenn wir uns im Christentum wohlfühlen, fein. Wenn es uns zum Buddhismus drängt, auch fein. Wenn wir mit den Schamanen trommeln wollen, ebenfalls gut. Wenn uns die alten Inkareligionen interessieren, bitte schön! Wer das alte Ägypten mystisch findet, nur zu.

Alles ist okay, es sollte nur zu uns passen. Es sollte nahe an unserem Wesenskern sein. Wenn es sich stimmig anfühlt und uns selbst nicht peinlich ist, dann passt es.

Denn dieser Teil in uns, der ewig lebt und alle Inkarnationen überlebt, der weiß auch, wo wir herkommen und wohin wir möchten.

Es ist egal, ob wir diesen heimatlichen Ort das Paradies nennen, ob es Nirvana heißt, ob wir uns den lieben Gott als Opa mit Rauschebart vorstellen oder eher als barfüßigen Asketen.

Wichtig ist, dass wir uns als Teil einer viel größeren Einheit betrachten. Wir dürfen uns bewusst sein, dass wir kraft unserer Existenz dazu gehören. Wir sind mit der Welt und dem Universum verbunden – alles ist eins.

Wenn wir das in uns spüren können, geschieht es fast von alleine, dass wir keine Kriege mehr gegen andere Geschöpfe führen möchten. Dann wollen wir unseren Mutterplaneten auch nicht mehr gnadenlos ausbeuten. Dann sind wir im wahrsten Sinne des Wortes die Bewahrerinnen des Herdfeuers, die Göttinnen und weisen Frauen. Die gab es zu allen Zeiten, es gibt sie auch heute.

Wäre das nicht ein feines Ziel für die Jahre, die vor uns liegen?

Ich denke schon.

Danksagung

An erster Stelle geht mein Dank an meinen bezaubernden Mann, der meine Idee, *noch ein Buch* zu schreiben, von Anfang an unterstützt hat. Wie immer hat er seine kreativen Gedanken mit eingebracht und war mein geduldiger Zuhörer für die ersten Versionen.

Dann danke ich meiner Mutter Lilli und meiner Großmutter Emma für positive Vorbilder in Sachen Tapetenwechseljahre. Ich verneige mich in Dankbarkeit vor ihrer Weisheit, Bodenständigkeit und dem gelebten Pragmatismus.

Meinen beiden Schwestern Susanne und Anette danke ich für die vielen gemeinsamen Jahre, für das Singen, Blödeln und zahlreiche anregende Diskussionen. Ihr seid tolle Frauen mit wunderbaren Talenten – es freut mich sehr, Eure Schwester zu sein!

Ich danke meinem Sohn Dominic dafür, dass er mir so viel Vertrauen schenkte, mich als Mutter auszuwählen und mir meine Fehler immer wieder verzeiht.

Meinen Freundinnen und Kolleginnen danke ich für ihre Anregungen und Hilfen:

Annette, Brigitte, Britt, Carlotta, Carola, Christine, Edith, Michaela, Silvia, Johanna, Uschi – danke für Euren Humor, die Herzlichkeit, den Gedankenaustausch, die Offenheit und das offene Ohr bei Krisen.

Meinen Patientinnen und Patienten danke ich für ihr Vertrauen und ihre Anregungen. Durch sie lerne ich so viel dazu, was mich motiviert, weiter zu forschen.

Ich bedanke mich herzlich bei meiner Verlegerin Ulrike Dietmann, der mein Buch spontan ans Herz gewachsen ist.

Ein weiteres herzliches Dankeschön geht an Susanne Feiner für ihr wohlwollendes und gründliches Lektorat sowie an Gabriele Schmid für die wunderbare optische Aufbereitung des Textes und ihren erfrischenden schwäbischen Humor dabei.

Mein besonderer Dank geht an Anna Zeis-Ziegler, die dem Buch mit ihren Illustrationen eine sehr persönliche Note gegeben hat. Danke für dieses wundervolle Geschenk.

5% der Einkünfte aus diesem Buch gehen an mein Schmetterlings-Projekt

http://www.psenergy.ch/schmetterlinge.html

Die Autorin

Dr. Ulrike Güdel ist Fachärztin für Allgemeinmedizin und Naturheilverfahren. Sie arbeitet mit einer von ihr entwickelten Methode der Energie-Medizin, PSEnergy (Positive Selbst Entwicklung) und hält Seminare und Ausbildungen darin ab.

Ulrike Güdel ist Autorin mehrerer Gesundheitsratgeber, (unter ihrem früheren Namen Ulrike Banis), außerdem Partnerin und Mutter. Sie lebt und arbeitet am Bodensee und in der Nähe von Basel.

www.psenergy.ch

Anhang mit nützlichen Links und Büchern

www.psenergy.ch
Von mir ausgebildete Energietherapeuten und viele
Artikel zum kostenlosen Download
www.geobiologie.de
Gute Rutengänger und Geobiologen
www.kettlebellsworkouts.com
Bezugsquellen und Übungen
www.erich-keller.de
Bücher und Infos zur Ruhe im Kopf
www.dr.rimkus.ike.de
Infos über natürliche Hormontherapie
www.symptome.ch/blog/autor/spitz
Infos über Vitamin D
www.hormonyshop.de
Infos über „Hormony Complex G B 12 – Tropfen" (HCG)
www.biomed-oswald-bartel.de
Bezugsquelle und Info über Diosgeninöl
www.shop.perl-taucher.de/?bLoc=1
Info über Kinderbuch und Spiel des Glücks sowie die
„Kinderkarten" der PSEnergy
www.de.wikipedia.org/wiki/Sildenafil
Infos zu Viagra
www.bfr.bund.de/de/a-z_index/isoflavone-9777.html
www.krebsinformationsdienst.de/vorbeugung/risiken/
hormone-als-risiko.php
Brustvergrößerung
www.de.wikipedia.org/wiki/

Brustvergr%C3%B6%C3%9Ferung
Mönchspfeffer
www.de.wikipedia.org/wiki/M%C3%B6nchspfeffer
www.silicea.info/silicea-gel/
www.lavendel.net
www.floradix.de/home.html
www.klimaktoplant.de
www.takeme-gluecksnahrung.com
www.remifemin.de
www.unizink.de
www.selenase.de

Banis, Ulrike:	Wie wirkt Psychosomatische Energetik, VAK, 2010
Banis, Ulrike:	Er will immer – sie fast nie
Banis, Ulrike:	Erdstrahlen & Co, Haug Verlag
Banis, Ulrike:	Sucht – die unerfüllte Suche nach einem erfüllten Leben
Banis, Ulrike:	Praxis der Psychosomatischen Energetik, Comed
Dane, Michaela:	Die Geburtsherrscher nach Paracelsus
Keller, Erich:	Endlich Ruhe im Kopf
Zeis-Ziegler, Anna:	Die Geburt der Schmetterlinge
Zeis-Ziegler, Anna:	Lust auf Glück

Stichwortverzeichnis

www.spiritbooks.de

Bücher, die authentisch sind und Spirit haben.

*Die Bücher des Verlags erhalten Sie in allen Buchhandlungen und bei zahlreichen Online-Anbietern wie amazon.de. Sie können die Bücher auch beim Verlag direkt bestellen: **www.spiritbooks.de***

Wenn Sie direkt beim Verlag bestellen, unterstützen Sie den Verlag und die Autoren.

Die Vision des Verlags

Vertrauen in das Gespür von Leserinnen und Lesern

Bedingungslos authentische Bücher

Autorinnen und Autoren als Persönlichkeiten, die etwas Unverwechselbares zu erzählen haben.